マイナンバーカードの「利活用」と自治

主権者置き去りの「マイナ保険証」「市民カード」化

稲葉一将・岡田章宏・門脇美恵・神田敏史
長谷川薫・松山　洋・森脇ひさき　著

自治体研究社

はしがき

　2023年6月9日の閣議決定「デジタル社会の実現に向けた重点計画」は、「マイナンバーカードを使って国民の生活を向上させるため、マイナンバーカードと各種カードとの一体化や、行政手続のオンライン・デジタル化、市民カード化、民間ビジネスにおける利用、カードの利便性の向上」（2頁）といった重点的に取り組む事項を示しました。健康保険証等の資格証明書とマイナンバーカード（「個人番号カード」）との「一体化」と並んで、マイナンバーカードを「市民カード」にするという見慣れない語句も用いられていましたが、そのいずれにしても私たち主権者は、マイナンバーカードへの「一体化」を望み、そのための立法を国に要求してきましたか。

　そうではないのならば、国民を代表する国会ですらない内閣が、主権者の意思から離れたところで一部の利益を反映する目的で閣議決定を行っているのではないか、という疑問が生まれてきます。そして複数の資格証明書がマイナンバーカードに「一体化」した場合には、私たちの個人情報の収集や融合が容易になりますから、国民の大部分はその収集された個人情報を解析され、そして活用される客体に転化してしまうのではないか、という疑問も生まれてきます。いずれの疑問についても、私たちは主権者であって、また個人情報は自己を構成する一部であって他人が扱えないはずですが、私たちは何のため、誰のために存在しているのかが問われている、といっても必ずしも大げさではないのです。

　しかし、「一体化」するといっても、マイナンバーカードの発行と交付を求める申請（取得）は義務ではありません。上記の閣議決定は「マイナンバーカードを使って国民の生活を向上させる」と述べましたが、私たち国民がこのカードに備わっている多くの機能を調べた結果、

自己の「生活」の「向上」には役立たないと判断して申請（取得）しない選択肢も、あるのです。ところが、たとえば健康保険証が廃止されるというので「不便性」を感じた国民が、不本意ながらマイナンバーカードの申請（取得）を選択する状況が生まれているのならば、このような状況は、どのような理由によって許容されるのでしょうか。

　社会関係においてダイバーシティやインクルージョンが大切だというのならば、私たちは、マイナンバーカードを取得していない国民・住民が差別され、あるいは孤立するような社会を形成してよいのでしょうか。また、国家（内閣）が国民意思から乖離しているのならば、国民主権原理の形骸化が進行する事態をただ眺めていてよいのでしょうか。よく知られたブレヒトの詩とは違って、「ぼくたち」ではなくて「あとから生まれるひとびと」の「時代は暗い」ものになる可能性を危惧します（野村修責任編集『ブレヒトの詩（新装新版）』（河出書房新社、2007年）337頁を参照）。だからこそ、私たちが主権者として存在することの意味を大切にしたいという観点から、マイナンバーカードへの「一体化」を目指す国家政策に接近して、問題点を冷静に検討しようとして編まれたのが、本書です。同様の問題意識をおもちの広範囲の方々にとって、本書が僅かでもお役に立てればと願っています。

　ここで本書の要点を簡単に述べることにします。第Ⅰ部は、健康保険証を廃止して、この資格確認機能をマイナンバーカードに移行させることによって、どのような問題点が生まれてくるのかを多面的に論じています。

　患者が被保険者資格を証明する場合において、従来の健康保険証も残したままでマイナンバーカードの保険証としての利用も選択肢の一つになるならば、議論しなければならないような深刻な問題点はないのかもしれません。しかし、従来の健康保険証を存続すべきだと主張する患者や医師等の現場の声を無視してまで、国が閣議決定や立法に

よってマイナンバーカードへの「一体化」に突き進んでいるので、これに反作用する力も一層強力になってきている現状が、第Ⅰ部1と2では鋭く、かつ、活き活きと描かれています。

　従来の健康保険証の存続を求めるという点では共通する地方議会の意見書は、その初期と比較すれば人口が多い大規模な地方自治体の例もあらわれてきています。意見書の趣旨に賛同する住民の属性が豊かになり、その数も増えてきている現状は、第Ⅰ部3が論じているように、地方自治と保険者の「自治」との関係という魅力的な問題を、学問研究に対しても提起しているといってよいでしょう。

　第Ⅰ部とは異なり第Ⅱ部は、住民が市町村の行政サービスを利用しようとする場合において、市町村が料金を減免するなどして、マイナンバーカードの利用を促す「市民カード」化事業の問題点を検討しています。検討される市や町は異なりますが、一枚の「市民カード」にすることで分散管理されている住民の様々な個人情報を収集し、そして民間事業者がこれを二次利用するところは、共通点です。二元的代表制が採用されている地方自治体においては、一方において個人情報を一層活用するのであれば、他方で個人情報保護も一層の創意工夫が試みられるべきでしょう。

　もう一点、第Ⅱ部4、5および6に共通するのは、「市民カード」にすることでマイナンバーカードを普及させることが目的で、住民がこの目的に合わせて行動変容を迫られているところです。公共交通の例ならば、高齢者や障害者のように、市町村は公金を支出して行われる行政サービスの必要性を住民の個別的事情に即して考慮すべきであって、このこととマイナンバーカードの有無とは、本来別次元です。むしろ、無人の自動運転システムが開発されたとしても、これに乗車する住民がほとんどいないのならば、公金支出の正当性は疑わしいものになります。複雑な住民要求がシステム設計に合致しない場合には、住民要

求のうち簡素なものだけが実現されるにとどまって、行政サービスの「不便性」が強くなってしまうのではないか、という疑問もあります。

　次々と異なる疑問が生まれてきますが、それにもかかわらず、なぜ市町村はマイナンバーカードを「市民カード」にする事業を展開してきているのでしょうか。この疑問から出発する第Ⅱ部 7 は、その要因を市町村というよりもむしろ国の側に見出して、その結果、地方自治の問題点のいくつかを指摘しています。

　ところで、マイナンバーカードとの「一体化」を検討素材にする本書は、当然ながらマイナンバーカードの存在を前提にしています。マイナンバーカードは、マイナンバー制度を構成するものの一つです。そしてマイナンバー制度は、日本におけるデジタル改革あるいはデジタル・トランスフォーメーション（DX）の基盤を構築するものとして整備され、この 10 年間で、量的のみならず質的にも拡大してきています。つまり、マイナンバーカードの問題点を知るためには、マイナンバー制度や日本におけるデジタル改革の学習が不可欠です。

　しかし、本書ではマイナンバー制度これ自体の概説は省略されています。2023 年 6 月 2 日に法案が成立しましたので（法律第 48 号）、古くなった箇所もありますが、マイナンバー「制度」という捉え方とそこでのマイナンバーカードの位置関係については、稲葉一将・内田聖子『デジタル改革とマイナンバー制度—情報連携ネットワークにおける人権と自治の未来—』（自治体研究社、2022 年）10 頁以下で、デジタル改革の経緯と要点については同書 22 頁以下で述べました。同書と本書をあわせて相互にご参照くださると、本書の利用も一層易しくなると考えています。

　　2023 年 12 月　　　　　　　　　執筆者を代表して　稲葉一将

『マイナンバーカードの「利活用」と自治』
目　次

はしがき………………………………………………………… 稲葉一将　*3*

第Ⅰ部　「マイナ保険証」と自治体・保険者

1　マイナカード取得「義務化」の
　　実験場とされている医療 ………………………………… 松山　洋　*13*

はじめに　*13*

1　オンライン資格確認と医療DX　*13*

⑴　健康保険証の目視確認（資格確認）／⑵　オンライン資格確認とは／⑶　オンライン資格確認等システムと医療DX／⑷　医療DX通じて、医療等ビッグデータ構築／⑸　煩雑な手間と多大な負荷、医療DXで医療機関淘汰も辞さず

2　オンライン資格確認で混乱・疲弊する医療現場　*21*

⑴　医療機関の6割でトラブル、10割全額負担900件以上／⑵　マイナカードは目視確認不能、医療現場の不安は甚大／⑶　マイナカード管理は困難　介護・福祉施設現場／⑷　医療事故に直結する医療情報の誤登録／⑸　窓口負担割合の誤登録　公的医療保険制度の根幹揺らぐ／⑹　面倒この上ないマイナ保険証

3　マイナ保険証にメリットはあるのか　*28*

⑴　返戻削減は過剰評価、なりすまし防止は眉唾／⑵　患者の同意軽視、診察実態に見合わない医療情報閲覧／⑶　診療現場に鑑みた情報連携こそ

4　さらなる医療費抑制に向けて　医療DXの狙い　*32*

⑴　マイナカード持たぬ者は人にあらず　デジタル社会のパスポート／⑵　医療者の有事動員体制も視野に／⑶　裁量権の制限、成功報酬の拡大

5　公的医療保険制度の脆弱化・解体　*34*

⑴　PHRによる行動介入、かかりつけ医の動員／⑵　公的医療保険制度の解体　社会保障個人会計／⑶　ビッグデータの民間利活用へ

6　高齢化社会にマイナカード強制する無責任　*37*

2 医療保険者である自治体の役割

　　―住民のいのちと健康、個人情報を守るためにできること―…… 神田敏史　*39*

　はじめに　*39*

　1　国民健康保険制度の位置づけと地方自治体の役割　*42*

　2　国民健康保険の被保険者（加入者）とは

　　　―住所を有する者は全て加入する権利をもつ―　*43*

　3　オンライン資格確認システムで保険者機能は的確に発揮できるのか　*45*

　　⑴　被保険者資格の取得、喪失処理について／⑵　保険給付の提供

　4　オンライン資格確認システムと「マイナ保険証」利用の意味すること　*53*

　　⑴　「保険者機能」の強化と事務負担の軽減／⑵　保険者である地方自治体として考えなくてはいけないこと

　資料：マイナンバーカードと健康保険証の一体化に対する要望書　*56*

3　マイナ保険証と「保険者の自治」…………………………… 門脇美恵　*59*

　1　「マイナ保険証」問題に接して　*59*

　　⑴　「マイナ保険証」に関する地方公共団体の動き／⑵　「保険者の自治」に着目する理由／⑶　本稿の流れ

　2　日本における公的医療保険の基本構造とその特徴　*63*

　　⑴　日本の公的医療保険制度の基本構造／⑵　地域保険としての国民健康保険／⑶　日本の公的医療保険者の組織と意思決定過程の多様さ／⑷　公的医療保険の保険者を地方公共団体も担うことの意味

　3　ドイツの公的医療保険と「保険者の自治」　*71*

　　⑴　ドイツ公的医療保険における「皆保険」の意味／⑵　ドイツの公的医療保険を特徴づける「自治」／⑶　傷病への備えと「自治」「参加」「近接性」そして「民主政」

　4　地方公共団体が公的医療保険の保険者であることの積極的意味　*75*

　おわりに　*77*

第Ⅱ部　マイナンバーカードの「市民カード」化

4　マイナンバーカードによる図書館利用………………… 岡田章宏　*81*

　はじめに　*81*

　　1　公立図書館の図書館カード　*82*

　　2　マイナンバーカードによる図書館利用の方式　*84*

　　　⑴　カード AP 方式／⑵　公的個人認証（JPKI）方式／⑶　マイキー ID 方式

　　3　マイナンバーカードによる本人確認の意味　*88*

　　おわりに　*90*

5　吉備中央町の「デジタル田園健康特区」構想 …… 森脇ひさき　*93*

　　はじめに　*93*

　　1　吉備中央町のデジタル田園健康特区　*93*

　　2　吉備中央町で 3 つのプロジェクト　*94*

　　3　気になる点や問題と感じること　*97*

　　　⑴　情報の収集と承諾／⑵　利用範囲と漏洩防止対策／⑶　利用できない人
　　への対応など／⑷　住民同士の「助け合い」／⑸　公正な価格の保障／⑹
　　住民サービスが企業の力量で決まる

　　4　町議会の議論から　*100*

　　　⑴　携帯電話がつながりにくい／⑵　ネット活用はまだ少数／⑶　怖くて乗
　　れない「マイクロ EV」／⑷　高額な「ウィラバアプリ」開発費／⑸　議会の
　　チェック機能が果たせない／⑹　事業組合に参画する事業者が事業の大部分
　　を受注

　　おわりに　*103*

6　国が進める行政 DX 推進の実験自治体となっている
　　前橋市 ……………………………………………… 長谷川薫　*105*

　　はじめに　*105*

　　1　まえばし暮らしテック推進事業採択への経過　*106*

　　2　㈱めぶくグラウンドの事業内容と「めぶく ID」　*108*

　　　⑴　㈱めぶくグラウンドの事業内容／⑵　デジタル身分証明書＝めぶく ID と
　　は

　　3　㈱めぶくグラウンド事業をめぐる問題点　*111*

　　　⑴　「行政の公平性」を放棄し、地方自治の後退を招きかねない／⑵　個人情
　　報漏洩の危惧／⑶　自治体 DX は究極の自治体民営化

7 国家政策の地方展開に対する自治の課題………………稲葉一将 *115*

はじめに　*115*

1 国家の側で起きていること　*116*

　⑴ 行政組織の現状／⑵ 財政運営の現状／⑶ 国の行財政の多元的コントロールと分権の正当性

2 地方自治との矛盾と課題　*128*

　⑴ 矛盾があらわれる「市民カード」化事業／⑵ 「市民カード」化事業の問題点／⑶ 問われる地方自治体の存在理由

おわりに　*135*

第Ⅰ部

「マイナ保険証」と自治体・保険者

1　マイナカード取得「義務化」の
実験場とされている医療

松山　洋

はじめに

　2023年6月、紙やプラスチック券面の健康保険証（国保、後期高齢等含む）を廃止することを盛り込んだ改正マイナンバー法が成立しました。法案審議中から、医療情報の誤登録が発覚するとともに、介護・福祉現場からはマイナンバーカード管理は難しいとの声もあがり、世論の反発の拡大を恐れた政府は強引に法案を成立させました。しかし、その後も、紙などの健康保険証があるのに「該当資格なし」、間違った窓口負担割合が表示されるなどトラブルが相次いでいます。こうしたなか、マイナ受付件数は減少に転じ、健康保険証の廃止は延期・撤回すべきとの世論が7割を超え、野党第一党の立憲民主党からは「保険証廃止延期法案」（保険証併用法案）が国会に提出されています。しかし、依然、国は健康保険証を24年秋に廃止する方針に固執しています。

　本稿では、マイナ保険証とは何か、医療現場に起きている実態を報告するとともに、背景にある政府の狙い、マイナ保険証義務化を通じて進められようとしている医療政策などについて触れます。[1]

1　オンライン資格確認と医療DX

(1)　健康保険証の目視確認（資格確認）

　医療機関を受診した際、定期通院では月初め、カルテを新たに作る新患では必ず健康保険証を職員に提示します。職員が健康保険証の券面情報を見て、患者が加入する保険種類・有効期限や窓口負担割合な

1　本稿テーマに関連した拙稿として、「医療情報のデジタル化とデータ連携が医療を変質させる」稲葉一将・松山洋・神田敏史・寺尾正之『医療DXが社会保障を変える』（自治体研究社、2023年2月）。

どを確かめています。これを「資格確認」と言います。同時に目の前の患者が健康保険証の名義人と同一かを常識的範囲で確かめています。「本人確認」です。

　医療機関は、患者を診療した日の翌月10日までに、患者ごとに実施した診療行為・点数などを記したレセプト（診療報酬明細書）を審査支払機関（支払基金、国保連）に提出し、診療報酬を請求します。資格情報が誤ったレセプトを請求した場合、医療機関にレセプトが差し戻されます。「返戻」と言います。例えば、健康保険証の情報の転記ミスや、患者が転退職直後に旧い健康保険証で受診した資格喪失があります。被用者保険では健康保険証に有効期限の記載がなく、医療機関では受診時に資格喪失かどうかはわかりません。返戻されたレセプトについて、正しい請求先がある場合、医療機関は修正して再請求しています。

（2）　**オンライン資格確認とは**

　オンライン資格確認（以下、オン資）とは、医療機関と審査支払機関の間を専用のインターネット回線（レセプトをオンライン請求する回線を利用）を結び、患者が受診した際に審査支払機関に照会をかけてリアルタイムで返信を受ける仕組みです。

　オン資には、マイナンバーカードと健康保険証を使う2通りの方法があります。前者がマイナ受付、マイナ保険証と通称され、法令上は「電子資格確認」と言います。

　オン資整備にあたり、一般的に医療機関では、▽顔認証機能付きカードリーダー（以下、CR）を設置し、▽資格確認に加えて、▽医療情報（処方薬剤、特定健診結果、診療情報（手術・検査等の有無））、▽高額療養費の所得区分の情報（窓口負担の月上限額）などの閲覧機能を整備しています。

　当初、オン資整備は医療機関にとって任意・自由でしたが、整備が進まず医療DXの計画が狂うことに業を煮やした国は、2022年6月の

「骨太の方針」で突如 2023 年 3 月末までにオン資整備（正確には、「電子資格確認」ができる体制の整備）を原則義務付ける方針を打ち出しました。

(3)　オンライン資格確認等システムと医療 DX

　オン資を可能とするため、支払基金等では、被保険者番号（健康保険証に表記）、資格情報、医療情報（レセプト記載内容）などについて、被保険者個人ごとに一元的・継続的に履歴を管理しています。この履歴情報にマイナンバーカード（シリアルナンバー[2]）を紐づけています。オンライン資格確認等システム（以下、オン資システム）と呼ばれます（図表 1-1）。公的医療保険制度に関わる個人単位（顕名）のデータベースと言えます。

　健康保険証に記載された被保険者番号を「医療等 ID」として紐づけており、健康保険証でもオン資が可能です。わざわざ、シリアルナンバー（マイナンバーとリンク）も紐付けて、マイナンバーカード普及に向けて医療を利用する狙いが見て取れます。

　患者はマイナンバーカードで受診した際、CR にマイナンバーカードを読み取らせ、顔認証カメラを通じて本人確認を行い、審査支払機関（オン資システム）に照会をかけます。審査支払機関ではシリアルナンバー等より資格情報などを引き当てて、医療機関に返信します。患者が CR 上で「同意」した場合、患者の他院での医療情報や高額療養費の所得区分なども返信されます。

　健康保険証によるオン資では、職員が専用端末となるパソコンに健康保険証の記号番号等を入力して、支払基金等に照会し返信を受けます。この場合、医療情報閲覧はできません（図表 1-2）。

2　マイナンバーカードの IC チップ部分に内蔵した識別番号。カードごとに付与され 5 年単位で更新します。地方公共団体情報システム機構（J-LIS）がマイナンバーと合わせてシリアルナンバーの履歴を管理しており、実質上、第 2 のマイナンバーといえます。今後、更新忘れでマイナ受付ができなくなる人が続発することが懸念されています。

図表1-1 オンライン資格確認とオンライン資格確認等システム

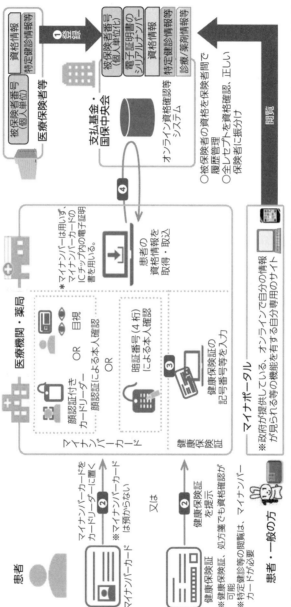

（出所：「オンライン資格確認の導入について（医療機関・薬局、システムベンダ向け）」厚生労働省ホームページ、2023年10月 https://www.mhlw.go.jp/stf/newpage_08280.html）

図表1-2　医療機関における資格確認の種類と仕方

		確認・操作	保険資格	医療情報の閲覧	高額療養費等の情報の閲覧	本人確認
目視（健康保険証）		職員が目視	券面情報	×	×	目視
オンライン	マイナンバーカード	患者がCR操作	オンライン照会	○（※1）	○（※2）	顔認証システム（※4）
	健康保険証	職員がパソコンに入力（※5）	オンライン照会	×	△（※3）	目視

※1　医療情報の閲覧については、患者のCR上での同意の操作が必要。
※2　閲覧には、患者のCR上での同意が必要。閲覧できる情報は、高額療養費、長期高額疾病（人工透析、血友病、薬害HIV）。
※3　患者に口頭等で同意を確認して照会する。長期高額疾病の照会は不可。
※4　顔認証が上手くいかない場合や患者が暗証番号（4桁）を忘れた場合、職員が目視で行う。
※5　一部のCRでは健康保険証を読み取る機能を搭載しており、患者が操作する。

(出所：筆者作成)

　オン資導入により、資格確認の動線が受付側、患者側に分かれ煩雑になりました。さらに、従来の月1回の確認とは異なり、オン資は受診の都度行うよう求められています。

⑷　医療DX通じて、医療等ビッグデータ構築

　国は医療DX（デジタルトランスフォーメーション）を進めています。オン資（及びオン資システム）を発展させて医療等ビッグデータを構築する構想です。まずは、オン資システムにレセプト情報（薬剤、医療行為など）を蓄積していきます。次いで、医療機関が保有・発行する処方箋や電子カルテの情報を蓄積するデータ基盤を構築しつつ、オン資システムに連携させていきます。同様に、自治体や保険者が保有する患者・国民の健康・医療情報もデータ基盤を構築し連携させていきます。乳幼児健診、学校健診、予防接種履歴や自治体検診（歯周疾患、骨粗鬆症、肝炎ウイルス、がん）などが計画されています。さらに、介護事業者が持つ利用者のADL等やケアプランなどもデータ基盤を構築し連携させていきます。

　こうして構築した医療等ビッグデータが「全国医療情報プラットフォーム」（図表1-3）です。このビッグデータをバックヤードにして、

図表1-3 全国医療情報プラットフォーム（将来像）

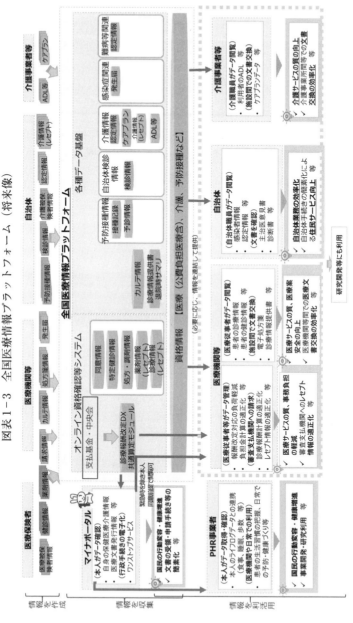

（出所：第1回「医療DX令和ビジョン2030」厚生労働省推進チーム資料、2022年9月22日 https://www.mhlw.go.jp/content/10808000/000992373.pdf）

患者がマイナンバーカードで医療機関を受診した際、レセプト、処方箋（調剤内容含む）、電子カルテ、健診・検診結果など健康・医療等情報が開示されていきます。介護事業者を通じて介護サービスを利用した場合も同様です（提供する情報範囲は異なります。現在検討中）。医療機関間で診療情報を閲覧・利用する医療情報連携（EHR: Electronic Health Record）を全国の医療機関間で行おうというものです。

同様に、医療等ビッグデータから、患者・国民が利用するマイナポータル（マイナンバーカードを読み取りパソコンなどからログイン）に医療・介護等情報を導出（閲覧・ダウンロード）して、自己管理・利用を進めます。PHR（Personal Health Record）と呼ばれる患者・国民の責任で自身の医療・健康情報を閲覧・管理し利用する仕組みです（**図表1-1・下段、図表1-3・左側**）。

医療DXは、マイナンバーカード利用を前提にしており、全住民のカード取得が求められます。さらに、カードを常時利用させるため、現在の健康保険証が邪魔になるので廃止しようということです。事実上、マイナンバーカード取得の義務化です。

⑸　**煩雑な手間と多大な負荷、医療DXで医療機関淘汰も辞さず**

10月現在、9割の医療機関がオン資を整備していますが、1年足らずで整備を求められ相当なストレスを強いられてきました。CR、オン資端末、閲覧用パソコンの導入・設定、関連する電子カルテやレセプト請求コンピュータ改修、オンライン請求回線敷設など多くの作業が求められた上、セキュリティ対応（利用する光回線、パソコン、利用者（ID・パス）の各種届出）、院内システムの安定性の確保、試行テストなど運用開始に至るまで少なくとも半年程度かかります。コロナ対応に追われ、特に診療所は人手も少なく、ICTスキルも高いわけではなく、対応する院長・事務職員への負荷は甚大でした。地域では高齢の医師・歯科医師がオン資整備に対応できず閉院に追いこまれています。

図表1-4　電子カルテ情報共有サービスの概要

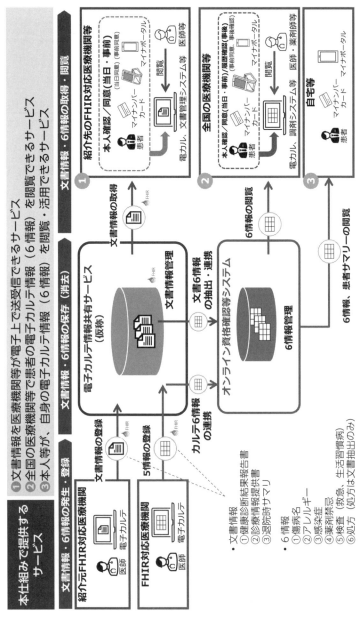

（出所：第18回健康・医療・介護情報利活用検討会医療等情報利活用ワーキンググループ資料・一部修正、2023年9月11日　https://www.mhlw.go.jp/content/10808000/001148129.pdf）

　導入後も多数の運用マニュアルを押さえた上、支払基金ホームページの更新情報チェックなども必要です。きちんと稼働していない場合、国の個別指導、さらには監査（最も重い処分では保険診療の指定取消）の対象となります。国は、医療 DX を進めていることから、読み込みも難儀する膨大なセキュリティガイドラインを示して、医療機関に遵守するよう求めています。

　今後、医療 DX では、24 年秋に健康保険証の廃止、2025 年 3 月末までに医療機関間での処方箋の閲覧機能（電子処方箋）、遅くとも 2030 年までには相互に閲覧を可能とする標準型電子カルテの実装などを求めています。電子処方箋や電子カルテ閲覧は、煩雑なシステム整備に加えて医療機関にデータベース（電子処方箋管理サービス、電子カルテ情報共有サービス）への処方・診療情報の登録や取得が求められるなど、オン資とは比較にならない手間や負担がかかってきます（**図表 1−4**：電子カルテ共有）。マイナ保険証をめぐる混乱、医療現場の実情も我関せずの只々スケジュールありきの姿勢です。

2　オンライン資格確認で混乱・疲弊する医療現場

⑴　医療機関の 6 割でトラブル、10 割全額負担 900 件以上

　全国保険医団体連合会（保団連）では、随時、医療機関にオン資状況調査を行ってきました。2022 年 11 月の調査では、オン資を導入した医療機関（回答数 1235）の 4 割でトラブルが報告されました。トラブル内容では、「被保険者情報が迅速に反映されない（有効な保険証でも「無効」と表示された）」が 61％、「カードリーダーの不具合」が 42％、次いで「電子カルテ・レセコンなどの稼働に影響」が 23％ などです。転退職などで保険資格は切れ目なく継続していても、オン資システム側のデータ更新・登録の遅れによって「無効」と返信されてしまいます。2〜3 ヵ月に 1 回のオン資であれば、保険者側においてデータ

はほぼ更新されますが、受診の都度、オン資となれば当然発生する問題です。保険者への電話確認で患者を待たせるなど「オン資になっていない」「患者との関係が気まずくなった」「クレームを受けた」などの声が聞かれました。

CR不具合は顔認証が上手くいかないなどです。この場合、患者が自身のマイナンバーカードに設定した暗証番号（4桁）をCRに入力しますが、覚えていない場合などもあり、結局、職員がカードの写真を目視で確認（CRの機能モードを切り替える手間も発生）となります。健康保険証の目視であれば数秒で済むことが、マイナ受付では数分も要するなど、かえって診療効率が下がっています。

当該調査時点で運用開始した医療機関は全体の4割に満たず、マイナ受付利用もごく僅かでしたが、それでも半数近い医療機関でトラブルが報告されていました。

2023年6月の調査では、医療機関（回答数8437）の65.1％でトラブルが発生し、「保険証情報が正しく反映されていなかった（無効・該当資格なしなど）」が66.3％、「CR等の不具合でマイナ保険証を読み取りできなかった」が48.4％など、運用開始する医療機関が増えるにつれて事態は拡大・悪化しています。「無効・該当資格無し」により、一旦10割分を患者に請求した事例が少なくとも893件発生しています。他人でも顔認証が通過したとの報告も寄せられています。

(2) **マイナカードは目視確認不能、医療現場の不安は甚大**

マイナ受付が患者100人につき2〜3人程度の状況でも、相次ぐエラーやトラブルによって診療に支障をきたしています。マイナンバーカードを持参した患者がCR操作が上手く行かず（顔認証できない、タッチパネルの意味を質問など）、職員の手助けが必要になり現場の人手不足に拍車をかけています。国の杜撰なシステムや無責任な対応に対して、クレームは医療現場が被る理不尽な状況が続いています。

　コロナ治療にも影響が及んでいます。コロナ5類移行に関わる医療機関調査では、コロナ診療で困っていることの第3位が「発熱患者がマイナ保険証のみを持参した場合の受付対応」と報告されています。迅速な診断を要するコロナ患者（疑い含め）が資格確認できず、診療が困難になる本末転倒な状況です。

　何より、CR等の不具合、通信障害や災害時には、資格情報が記載されていないマイナンバーカードでは資格確認が全くできなくなります。マイナ保険証のみ持参する新患の患者などは医療機関に患者記録もなく、一旦10割全額を取るほかありません。当然、医療を受けられない患者が出てきます。こうした場合、国は、患者に「被保険者資格申立書」を記入してもらえば一部負担割合で済み、医療機関にも残りの医療費（診療報酬）を支払うとしていますが、医療機関からすれば患者との軋轢や煩雑な手間が生じる上、患者の情報が十分に得られない場合、医療費支払の遅延を強いられます。

　また、医師の高齢などの理由でオン資整備の例外となる医療機関が全国に約8300あり、マイナ保険証が使えません。国は、マイナ保険証を保有する高齢者等に対して、健康保険証の券面情報を記載した「資格情報のお知らせ」紙面を交付して、両方を持参して受診するよう言い出しています。

　もっともマイナ保険証と一体で携帯すれば、「もしマイナ保険証がトラブルで機能しない時も、その代わりになる[4]」と指摘されているように、実態としては、「申立書」記載に関るトラブルや手間、支払遅延を回避するため、患者に健康保険証の代用物を交付するということです。健康保険証廃止は破綻したと認めたものにほかなりません。

　健康保険証廃止に伴う矛盾・問題に対して泥縄式の対応が繰り返さ

3　岐阜県保険医協会調査、回答数269うち8割が発熱外来対応。2023年9月21日発表。
4　「地域医療を支えてきた医療機関の閉院が続く」日医会長が危機感、m3.com、2023年10月14日。

れることで、運用が煩雑さを増し、医療現場はさらに疲弊していきます。これら全ては、これまで同様、健康保険証を全員に交付して持参してもらえば簡単に解決する話です。

(3) マイナカード管理は困難　介護・福祉施設現場

健康保険証廃止は介護保険・高齢者施設や障碍者福祉施設などを直撃します。保団連では、これら施設団体の協力も得て緊急調査（2023年4月）を実施しました。42都道府県の1219施設（有効回答）から、健康保険証廃止がケア現場に及ぼす多大な影響が浮き彫りになりました。

健康保険証廃止に「反対する」施設は6割に上り、利用者・入所者のマイナカード申請（代理）について「対応できない」が93.5%を占め、対応できない理由として、「本人の意思確認ができない」が83.0%、「手間・労力がかかり対応できない」が79.8%、「本来業務ではない」が65.4%と続きました。[5]

利用者・入所者のマイナカードの管理（暗証番号含む）についても、「管理できない」が94.0%を占め、管理できない理由として、「カード・暗証番号の紛失時の責任が重い」が91.1%、「カード・暗証番号の管理が困難」が83.8%、「不正利用、情報漏洩への懸念」が73.5%、「家族の同意が得られない」が41.0%となりました。

健康保険証廃止による施設への危惧として、「マイナカードの取得・利用が困難な利用者への対応増加（代理申請等）」が90.0%、「マイナカード紛失・更新切れ・破損、再発行などへの対応が困難となる」が81.8%、「保険証と一体化したマイナカード（暗証番号含む）の管理が困難となる」が80.7%となっています。同様に、健康保険証廃止による利用者・家族への影響では、「マイナカードの取得・利用が困難な本人・家族の負担が増加する」が88.5%、「マイナカード紛失・更新切

5　回答では「どちらでもない」が33.0%、「賛成」が7.8%となっています。健康保険証の24年秋廃止方針は2022年10月発表されたが、半年経過時でも廃止方針と問題などがケア現場に周知されていない状況がうかがえます。これだけでも24年秋に廃止は無理筋というべきです。

れ・破損などへの対応が困難」が 83.8％、「本人が手続きに必要な IT 機器が使えない・理解できない」が 79.7％ となりました。

　自由意見では、低報酬等による人出不足で余力が全くなく、コロナ感染拡大で疲弊してきたケア現場からの悲痛、憤りの声が多く寄せられました。

　調査結果から、▽健康保険証が廃止されると利用者・入所者の医療へのアクセスが困難を抱える▽利用者・入所者のマイナカード管理に伴い介護・高齢者福祉関係者に多大な負担となる▽マイナカード管理に伴い利用者・家族と施設側との無用な混乱・トラブルを招きかねないなどの深刻な実態が明らかになっています。国は丁寧な周知などを強調しますが、マイナカード管理を押しつけることに変わりありません。

⑷　医療事故に直結する医療情報の誤登録

　法案審議中、他人の医療情報が誤登録されていた問題が報道されました。加藤勝信厚労大臣（当時）は 6 月、医療情報の誤登録は 2022 年 12 月から 23 年 5 月 22 日までに新たに 60 件発生し、うち 4 件で受診歴や薬剤情報などが閲覧されたと公表しました[7]。並行して、保団連も急遽調査を行いました。少なくとも 26 加盟団体で 85 件の誤紐づけが報告（6 月 8 日集計）され、今後も増加する可能性があると事態の深刻さを指摘し、プライバシー侵害、医療事故につながりかねないマイナ受付の運用を直ちに停止するよう求めました。

　その後、国は全保険者で点検を進め、マイナンバーを取り違えてオン資システム（内の被保険者番号）に登録した事例を 1069 件確認し、医

6　回答では、8 割強の施設が健康保険証を管理していますが、管理者を特定して金庫など鍵付きの場所に厳重に管理するなど施設にとって負担には変わりない点は注意が必要です。

7　23 年 2 月の社会保障審議会（医療保険部会）の資料では、2021 年 10 月から 22 年 11 月の間に保険者が 7312 件の異なるマイナンバーを登録していたことが判明しています。うち薬剤情報・医療費通知情報が他人に閲覧された事例は 5 件と発表。2021 年の本格開始前に誤紐付の問題が報告されていましたが、依然、改善されていないということです。

療情報が閲覧された事例が少なくとも 5 件と報告しています（8 月 1 日
時点[8]）。しかし、これは全ての被保険者を調査したものではなく、当
該団体が自主点検し判明した数字です。

　事態を受けて、国は、医療機関に対して、「これまでも患者から提示
された薬剤名などは患者とやり取りして正しい情報かどうかを確認し
ている。マイナ受付の場合も同様に留意してほしい」と求めています。
医療事故につながりかねない誤登録問題に対して、反省のかけらも見
られず、開き直りもいいところです。

　マイナ保険証をめぐる他人の情報の開示は、マイナンバーを使い個
人情報を正しく結びつけるデータベース管理ができていないというこ
とです。事業主から職員のマイナンバー提出は任意であり、保険者側
での正確なマイナンバー引き当ては面倒です（旧字体の氏名・住所など
表記の多様性もあり、国システム上での検索には手間を要する）。届出にマ
イナンバーが記載されている場合でも、誤記入や転記ミスも起きます。
そもそも被保険者情報が日々変更されるなか、1800 に及ぶ自治体や保
険者がリアルタイムにマイナンバーを個人情報に正しい形で紐づけて
管理することは困難といえます。

⑸　窓口負担割合の誤登録　公的医療保険制度の根幹揺らぐ

　エラー・トラブルは留まるところを知りません。7 月頃より、健康
保険証とは異なる窓口負担割合が表示されるとの声が保団連に相次い
で寄せられました。千葉市内のクリニックに通う患者の事例では、健
康保険証に記載された窓口負担割合（3 割）が正しいのに、マイナ保険
証では 2 割と表示されました。その後、千葉市長は会見で「担当職員
のシステム登録のミスによるもの」「再発防止に努める」と謝罪しまし
たが、「他の事例も調べて今は是正している」と強調しました。しかし、
千葉県保険医協会が直後に公表した調査では、少なくとも 50 医療機関

8　第 166 回社会保障審議会医療保険部会資料（2023 年 8 月 24 日）。

で健康保険証とオン資システム上のデータが異なる事例を経験しています。それは、千葉県内の医科医療機関の 16％ に及びます。

　保団連では緊急調査（2023 年 8 月）を実施し、39 都道府県・7070 医療機関から回答が寄せられました。この調査では、39 都道府県 374 市区町村 978 医療機関で健康保険証券面と異なる窓口負担割合が表示されるエラーが報告されました。そこでは、「健康保険証では負担割合が 2 割なのにマイナ保険証では 3 割と表示された」「本来は 1 割なのに 2 割と表示」などの誤表示で新たに保険者への確認業務が必要となるケースや、一部負担金の過不足が生じ患者クレームを招くとともに、間違った負担割合で保険請求したことによるレセプト返戻も生じていることがわかりました。

　保団連では、厚労省に、全容把握と原因解明、再発防止策を構築することなどを要望しました。厚労省は 9 月 29 日、全保険者を対象とした調査結果を公表し、保険者の事務処理ミスやシステム仕様などの問題により負担割合等の相違が判明した事例が 5695 件に上ることが分かりました[9]。しかし、これも全被保険者を対象にした調査でなく、5695 件は氷山の一角です。国は、約 3400 の全保険者に点検を求めていますが、点検方法は判明しているエラー類型に限られており、不安が残ります。「総点検」の都度、新たな誤紐づけが発覚し、泥縄式に点検対象を追加するなど誤登録解消の見通しは全く立っていません。窓口負担割合の誤登録は、公的医療保険制度の根幹に関わる重大な問題です[10]。

⑹　面倒この上ないマイナ保険証

　問題が相次ぐ中、国は、オン資を受けられない者（マイナンバーカード未取得、マイナ保険証未登録）やマイナ保険証を持つ場合でも要介護

9　第 168 回社会保障審議会医療保険部会資料（2023 年 9 月 29 日）。
10　医療機関のレセコン側の仕様で着信した負担割合を正しく読み込まない「誤表示」も生じています。厚労省調査に回答したレセコン 102 社のうち 47 社がレセコン側で独自算定／設定した値を表示しています。国として責任を持ってオン資開始以前に確認が図られるべき問題です。

高齢者や障碍者などの「要配慮者」には、健康保険証の代わりとなる「資格確認書」を交付するとしています。人によっては、マイナ保険証、資格確認書、資格情報のお知らせと3枚を管理することになります。複数枚も常時携帯するのは不便である上、紛失リスクも高まります。

　資格確認書にしても、マイナ保険証を持つ人は原則交付対象より除外する運用に変わりありません。「要配慮者」についても、「更新時に申請によらず交付する」としており、初回は申請が求められます。更新時に係る本人の申請がなくても交付する運用も「当分の間」に留まります。有効期間も、被用者保険では現行保険証には有効期間はないのに、資格確認書は5年以内です。介護・福祉施設等にとって、申請を要する資格確認書の管理は困難です。

　こうしたマイナ保険証か資格確認書の「申請」を求めるといった二者択一の運用は、いずれをも持たない「無保険」に陥る人が発生することは必至です。トラブル続きのマイナ保険証を推奨しつつ、彌縫策として、マイナ保険証がない人には資格確認書を交付し、マイナ保険証を持つ人には「資格情報のお知らせ」を交付するなどの対応は煩雑になります。全員にそうした紙面が行き渡る保証もなく、無駄なコストもかさみます。これまで同様、健康保険証を加入者全員に交付すれば問題は全てすっきりと解決することは明らかです。

3　マイナ保険証にメリットはあるのか

(1)　返戻削減は過剰評価、なりすまし防止は眉唾

　国はマイナ保険証のメリットを強調しますが、疑問だらけです。

　そもそも、患者・国民はマイナ保険証を望んでいません。デジタル庁の調査（2022年12月実施）では、マイナ保険証を登録したきっかけは「マイナポイントがもらえるから」が89.1％と圧倒的です。「利用している病院・薬局で保険証として利用できる」は14.3％、「保険証

利用にメリットを感じた」は 11.6% にすぎません。7100 万人弱がマイナ保険証を登録していますが、実際のマイナ受付利用は現状でも受診 100 回につき 3 回程度にすぎません。

　医療機関にとってもメリットが低いのが実状です。2022 年 6 月の「骨太の方針」で整備義務化が示されて以降、保団連が行った調査（2022 年 11 月実施）では、「導入を準備中」の医療機関（N＝4693）は、「必要性を感じていないが、療養担当規則で義務化されたから」が 91% と圧倒的です。

　国は、オン資により最新の資格（有無含め）がその場で分かり、レセプト返戻が減るとしていますが、資格喪失後の受診等での返戻（2014 年度）はレセプト全体の 0.27% にすぎません。1 施設平均で年 22.7 件、1 月間で 2 枚未満です。一般的な医科診療所では月に 1〜2 枚（1〜2 人）あるかどうかです。2019 年 9 月からはレセプトを電子請求（オンライン請求、光ディスク郵送）する医療機関・薬局（全体の 9 割）では、保険者側で正しい請求先に振り替える運用も始まっており、さらに返戻は減少しています。「ネズミを打つのに大砲が必要か」と言うのが医療現場の実感です。

　他人の健康保険証を使うなりすまし受診が横行しており、顔認証（生体認証）するマイナ受付が必要といった議論も聞かれます。しかし、厚労省は、なりすまし受診は国民健康保険では過去 5 年（2017 年〜2022 年）で 50 件と報告しています。国保加入者 2867 万人に対して年 10 件で、実質ゼロです。日頃、医療機関では患者の本人確認が追加で必要と判断した場合、写真付き身分証の提示を求めるなど制度の健全運営に努めています。なりすまし受診をめぐる議論は根拠薄弱です。

(2)　患者の同意軽視、診察実態に見合わない医療情報閲覧

　医療情報が閲覧できるメリットが強調されますが、患者が CR 上で閲覧に「同意」することが必要です。同意した率（2023 年 10 月実績）

は、特定健診情報は 25.8%。レセプトの薬剤情報は 41.7%、以外の診療情報は 37.3% に留まります。とりわけ、誤登録はじめ国の対応への不信からマイナ受付は停滞傾向にあり、現在、外来受診（薬局調剤含む）で 100 回当のうち平均 3.7 回にすぎません。[11]

CR 上での同意の操作は「診療行為」「健診結果」「薬剤」など大くくりで判断するため、患者が意図せず受診先では直接要しない、内密に留めたい医療情報（薬剤名や用法用量等から類推可能。例えば精神疾患、難病、遺伝性疾患、各種感染症、中絶・流産）を提供してしまうリスクもあります。診療に直接関係ない医療情報閲覧は患者のプライバシー侵害の危険もはらみます。

医療現場で使い勝手が悪い現状もあります。提供されるのは、レセプト情報より 1 月半程度の遅れが生じます。患者が受診した医療機関が時系列順で提示されるため、現在服薬中の薬剤（投薬開始日含め）かどうかもわかりにくく、多忙な診察の間尺に合っていません。普及率が 7 割（70 歳以上は約 85%）と定着した「お薬手帳」を見ながら経緯・服用状況などやり取りする方が効率的なのが現状です。

リアルタイムの情報に近くなる電子処方箋の利用などで、重複投薬や重複検査が減るとしています。しかし、医師は、検査には侵襲性（CT などは被曝）や副作用リスクもある中で必要・有用と判断したから検査しているのであり、医療上無駄といえる検査がどれほどあるのか疑問です。

重複投薬にしても、全く同一の効能・効果の投薬（過剰処方）は処方・調剤時に通常精査・確認されています。多剤投与により有害事象（ポリファーマシー）が生じている場合、処方変更に向けた介入が要請されますが、処方している医療機関間での調整が必要です。重複投薬

---

11 外来受診（薬局での調剤含む）に占める割合は、特定健診情報の閲覧は 100 回に 1.0 回、薬剤情報の閲覧は 100 回に 1.6 回、以外の診療情報の閲覧は 100 回に 1.4 回です（直近で判明する 2023 年 6 月の受診延日数より推計）。

の判明（閲覧）よりも、調整に要する手間が課題となっています。

　他方、認知症や障害などでヘルスリテラシーが低い患者であれば、個々の患者に応じた対応こそが求められます。こうした患者に情報漏洩・犯罪誘因のリスクが大きいマイナンバーカードを押しつけて利用させようという発想自体がナンセンスです。医療費抑制やデータ利活用を狙う医療DX（後述）を進めるために、後付けで医療現場に「メリット」が様々に吹聴されているのが実態です。

(3)　診療現場に鑑みた情報連携こそ

　そもそも、外来では、医師は患者の主訴・症状から必要と判断する情報を把握、整理し診断しています。その際に、お薬手帳なども使い患者と医療情報をやり取りし、必要に応じて検査を実施（依頼）して、他院に診療情報提供を行っています。診療上で連携する先との情報やり取りが重要であり、それ以外の情報はあくまで参考（直接的には不要な場合も）に留まります。繰り返しとなりますが、診察前の受付段階で閲覧が必要かどうか不明なまま、患者の全ての医療情報（過去３年分）が開示されても、医療の質の向上に資するとは限りません。かえって、高度にプライバシーに関わる個人情報を不必要に閲覧してしまう危険も出てきます。

　入院医療や在宅医療では診療計画を組むため、患者の医療情報共有は日常的に行われています。在宅医療では地域の実情に応じて、使い勝手の良い民間アプリなども使い介護・福祉事業所等との情報連携も進められています。地域によっては、医師会や自治体が中心となり医療情報連携ネットワークが構築され、全般的なカルテ情報の共有、介護職等も含めた多職種連携なども進められています。様々にリスクを抱えるマイナンバーカードを使い、小回りも効かない国の一律的な連携システムの押し付けは迷惑な話です。

　医療DXでは、電子カルテ情報（医師の所見もマイナポータルで提供）

の共有・連携を展望していますが、我が国では一般的な入院医療も含めて医療が概ね2次医療圏内（複数の市区町村単位）で完結するなか（介護サービスの利用圏域は更に狭い）、全国の医療機関間を常時連携するシステムを構築する必要性は低いといえます。しかも、公的医療に閉じられたIDを使うでもなく、負担やリスクが大きいマイナンバーカードを使わせる必要性・合理性は皆無です。

4　さらなる医療費抑制に向けて　医療DXの狙い

　システム根幹に関わるトラブルが相次ぐ中でも、国は、2024年秋に健康保険証を廃止する方針を変えていません。医療DXを通じて医療等ビッグデータ（全国医療情報プラットフォーム）を構築する方針も着々と進めています。なりふり構わず健康保険証廃止などを進める背景には、①監視・統制社会の構築、②診療統制と医療費抑制、③行動介入と社会保障制度の解体、④データ利活用による産業創出（成長戦略）などがあります。さらなる医療費抑制に向けてデジタル化を総動員しつつ、個人情報を民間企業の儲けの種に利用するということです。巨大なインフラ整備に関わってIT企業に莫大な利権が流れ込みます。

⑴　マイナカード持たぬ者は人にあらず　デジタル社会のパスポート

　政府は「デジタル社会の実現に向けた重点計画」（2022年6月）を進めています。マイナンバーカードの健康保険証利用を先頭に各種カード機能を吸収していきます。医療関係では、お薬手帳、医療券・調剤券（生活保護）、介護保険被保険者証、母子健康手帳などをあげています。その他、国家資格証（医師、歯科医師等）、ハローワークカード、運転免許証から公共交通サービスに至るまで一体化していきます。マイナンバーカードにあらゆる資格証明書・利用証明書の機能を統合して、万能の身分証明書に成長させつつ、健康保険証と同様に既存券面も廃止して、唯一の身分証明書（デジタル社会のパスポート）にしてい

く狙いです。デジタル庁の指南を受けて、マイナンバーカードがない
と交通費補助が受けられなくなるなどの自治体も出てきてます。民間
事業者での利活用も推進しつつ、マイナンバーカードがないと生活が
不便・困難とさせることで、カード取得（さらにカード機能をスマート
フォン搭載）を事実上義務化していくものです。カード利用を通じて
個人認証（生体認証含め）される一方、収集される個人情報はビッグデー
タとして AI によりプロファイリングされ、様々な形で個人の行動
介入に利用されていきます。カードを持てば統制・監視に置かれ、カー
ドがないと生活に支障をきたし人権も保障されなくなります。

(2)　医療者の有事動員体制も視野に

　各種国家資格証に関わって、政府共通のプラットフォームとして
「国家資格等情報連携・活用システム」が 2024 年度より開始されます。
医師等の 32 国家資格等について、マイナポータルを通じて、免許証
の交付申請、雇用主への当該資格所持証明をオンライン手続きで可能
とします。当面 32 職種の国家資格を対象として、300 程度の国家資格
に順次拡大していきます。求人マッチングなどに利用するとしていま
すが、国家資格者を効率的に動員することがシステム上可能になりま
す。既存の免許券面等を廃止し、マイナンバーカードに一本化してい
く中で、医療費抑制を念頭にした専門職種の「適正配置」や免許更新制
の導入、さらに "有事動員" などに利用されていくことが懸念されま
す。

(3)　裁量権の制限、成功報酬の拡大

　医療情報閲覧を通じた "診療統制" が懸念されます。「重複」「頻回」
な受診・検査・処方などを抽出してレセプト査定や算定要件変更など
を通じて制限し、医療提供を削ぎ落としていきます。審査支払機関が
「医療費適正化」を目的とする組織に再編されていくなか、一律・機械
的な査定、指導が強められ、個々の患者の疾患状態等に応じて発揮・

判断されるべき医療現場（専門職）の良き裁量が抑制されていく事態
が強く危惧されます。

　さらに、レセプト（診療行為名）に加えて、処方箋や電子カルテ（患
者の帰趨やアウトカムも記載）のデータが全国医療情報プラットフォー
ムに収集されていく中で、診療データの「分析」を通じて、医療行為
の実施に対する評価（出来高払い）から、医療行為の成果・改善度合い
を評価する仕組み（成功報酬）に変容されていくことが考えられます。
医療の不確実性・個別性（医療の結果には個々の患者の特性も影響する）
が軽視され、結果を伴わなければ医療機関には報酬が満足に支払われ
なくなる事態が懸念されます。

5　公的医療保険制度の脆弱化・解体

⑴　PHR による行動介入、かかりつけ医の動員

　患者・国民に対しては PHR を梃子に健康「自己責任」の風潮を強め
ます。日本経済団体連合会は、マイナポータル等に個人のあらゆるラ
イフログ（歩数・購買・移動はじめ生活関連データ）も重ね合わせて活用
していくよう求めています。[12]医療費抑制に向けて数値目標などを設定
して、マイナポータルに集めた個人情報を AI で解析して、個人の健
康・疾病リスクを「予測」し、マイナポータルに表示する情報（利用
者への「お知らせ」など。民間アプリに連携・転送させて利用も）を調律
して、健康・疾病・介護リスクの低減に向けて行動変容を促していく
ことも可能です。肥満気味と推測される人に向けて、「痩せないと〜に
なりますよ」など「お知らせ」（警告）し、運動やダイエットなど行動
変容を強めて医療費抑制を進めようというものです。「かかりつけ医」
を動員して、マイナ受付を通じて集中された医療情報を管理させると
ともに、PHR 利用に伴う患者の行動変容について指導・管理させてい

12　日本経済団体連合会、「Society 5.0 時代のヘルスケアⅡ」、2020 年 7 月 14 日。

図表 1-5　PHR の全体像

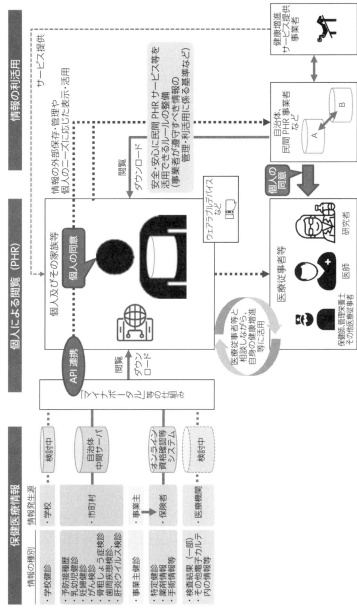

（出所：第 6 回健康・医療・介護情報利活用検討会、第 5 回医療等情報利活用 WG 及び第 3 回健診等情報利活用 WG 資料、2022 年 12 月 9 日　https://www.mhlw.go.jp/content/12600000/000703071.pdf）

く流れがうかがえます（図表1-5）[13]。

(2) 公的医療保険制度の解体　社会保障個人会計

　マイナポータル等にライフログ情報を紐づけることで、「健康ゴールド免許」[14]が可能となります。運転免許証では優良運転者に「ゴールド免許」が与えられるのと同様に、頑張って健康を維持したとする人（ライフログで計測）には窓口負担軽減などインセンティブをつけようというものです。健康のためにお金と時間を掛けられる人が窓口負担が軽減されることとなり、経済格差、健康格差が広がることが危惧されます。

　さらに進めて、マイナポータルは、小泉政権期に提唱された個人が負担する税・保険料の範囲内に給付を抑える「社会保障個人会計」の基盤に転用していくことが可能です。マイナンバーの利用範囲等を拡大していけば、個人の医療・介護（レセプト、健康・疾病状態）、税金、年金などに関わる個人情報が全て芋づる式につなげられ、個人・家計レベルにおいて負担と給付に係る情報が詳細に把握できるようになります。直近の法改正では、政府の判断でマイナンバーの利用範囲をなし崩し的に拡大する運用を可能にしています。社会保障個人会計は、所得再分配に基づく社会保障制度を解体して、個人負担＝個人給付という民間保険制度に変質させるものです。

(3) ビッグデータの民間利活用へ

　生産工程が海外に移転し、経済のサービス化が進み、日本の本体事業がITソリューション（ITによる問題解決）に傾斜するなか、顧客創出・市場開拓の源泉として、個人情報が標的となっています。日本経団連は個人情報の「商品」としての利活用を強く要望しています。医療

13　詳しくは、拙稿「『医療DX』による医療費抑制─国民皆保険制度と『かかりつけ医』の変容」、『住民と自治』2023年8月号。自治体問題研究所HPにて公開。

14　自民党・2020年以降の経済財政構想小委員会、「人生100年時代の社会保障」、2016年10月26日。

DX も同様です。医療 DX の最終的な狙いは、企業・国がフリー（いつ
でも、自由、タダ）に使える医療等ビッグデータを構築することにあり
ます。マイナ保険証の利用が進むかどうかに関わりなく、構築した医
療等ビッグデータ（全国医療情報プラットフォーム）が企業の"儲けの
タネ"に利用されていきます。全国医療情報プラットフォームを治療
の最適化や AI 医療等の開発、創薬・医療機器開発などの 2 次利用に使
うとしていますが、社会的差別・排除（雇用・契約、民間保険など）に
つながりうるサービス・商品開発にも利用できます。医療費抑制に向
けた政策ツール開発に使うことは織り込み済みです。個人情報保護法
制を緩和して、本人の同意がなくても医療データを製薬企業などの営
利企業が 2 次利用できる方向で法的検討が進められています。患者・
国民の自己情報コントロール権に留意した運用に向けて国民的な議論
が急務です。

6　高齢化社会にマイナカード強制する無責任

　今後、認知症をり患する人や独居単身世帯などが急増します。医療
においてマイナンバーカード利用を推進することは非現実的であるだ
けでなく、医療情報漏洩、犯罪被害など多大なリスクをつくり出しま
す。犯罪行為を助長する無責任の極みです。金融・通信などシステム
障害が多発する中、医療提供をストップしかねないマイナ保険証義務
化は患者・国民の命と健康を蔑ろにする施策であり、憲法第 25 条で定
める生存権に違反するものと言わざるを得ません。誰もが安心して受
けられる医療に向けて、健康保険証は存続させるとともに、マイナ受
付は凍結・中止すべきです。

2　医療保険者である自治体の役割
―住民のいのちと健康、個人情報を守るためにできること―

神田敏史

はじめに

　医療機関の窓口における公的医療保険の資格確認を「保険証と一体化したマイナンバーカード（以下、「マイナ保険証」という）」の利用に一元化し、保険証を廃止するという「行政手続における特定の個人を識別するための番号の利用等に関する法律（マイナンバー法）等の一部を改正する法律」（令和5年法律第48号。以下、「改正マイナンバー法」という）が、2023年6月2日に成立し、6月9日に公布されました。公布の日から1年6月を超えない範囲内の政令で定める日以降、施行されることになっています。

　この公布を受け、神奈川県では、6月20日付けで、国民健康保険制度と後期高齢者医療制度の医療保険者（県、横浜市など政令3市を含む全33市町村、神奈川県後期高齢者医療広域連合、医師国保組合や食品衛生国保組合、建設連合国保組合など全6国民健康保険組合）の国保業務担当責任者（課長、事務局長）が連名で、厚生労働省で公的医療保険制度を担当する保険局長に対し「マイナンバーカードと健康保険証の一体化に対する要望書」を提出しました（56頁の資料参照）。

　医療機関においてマイナ保険証を利用するためには、マイナンバーカードの電子証明書を個人認証基盤として、医療機関と医療保険者が保有する被保険者情報を連携させるオンライン資格確認システムが正確かつ円滑に機能することが必要となります。

　このオンライン資格確認システムは、「医療保険制度の適正かつ効率的な運営を図るための健康保険法等の一部を改正する法律」（令和元年法律第9号）により「マイナ保険証」利用が可能となったことから正

式なシステム稼働にむけた準備がはじまり、医療保険の被保険者番号に2桁番号を追加し個人単位の被保険者番号とするなどの環境整備を図りながら2021年3月から試験稼働が開始されました。

その後、2021年10月から本格稼働し、国民健康保険の市町村保険者には「資格重複リスト」「無資格者リスト」等の資格点検のためのリストがオンライン資格確認システム側から送付されてきていますが、その段階から、保険者保有の資格情報とオンライン資格確認システムによる資格情報に相違があることは指摘され、改善を求める動きがありました。

いま、公金振込口座紐付けの誤り、医療保険資格情報紐付けの誤り、健診情報や薬剤投薬情報の第三者提供、医療機関における資格確認不能と窓口負担割合の相違など、これまでの行政手続きや保険証では発生しなかった、個人情報の漏洩や公的医療保険の給付が正常に受けることができない事故が発生しています。全国保険医団体連合会等により、その実態が明らかにされ、連日マスコミ等で報道されています。

しかし、こうした紐付け等の誤りはマイナンバーカードを発行する地方自治体、あるいは「マイナ保険証」「オンライン資格確認システム」の利用をすすめる医療保険者において、既に危惧され想定されていたことです。神奈川県の要望書が改正マイナンバー法公布とほぼ同時に出された背景には、保険者がシステム上の問題点を指摘し、改善を求めてきたことがあります。

個人情報保護委員会は9月20日、デジタル庁に対してマイナンバー法と個人情報保護法に基づく行政指導を行いました。この行政指導のもとになった事案は、地方自治体の窓口段階で確認されたものであり、政府デジタル庁が報告を受けながらも「自治体職員の知識や技術の未習得等による誤りであり、政府側には問題がない」と放置されたものです。

図表 2 − 1　オンライン資格確認等のイメージ

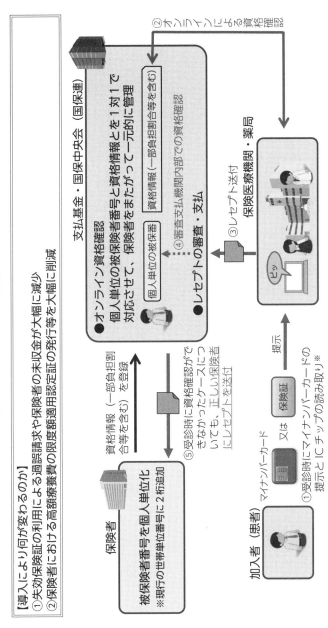

【導入により何が変わるのか】
①失効保険証の利用による過誤請求や保険者の未収金が大幅に減少
②保険者における高額療養費の限度額適用認定証の発行等を大幅に削減

※マイナンバーカードの資格確認対応の医療機関・薬局では、保険者が変わっても、マイナンバーカードのみで受診等が可能（保険証を持参する必要がない）。

※オンライン資格確認を実施しない医療機関・薬局の場合、現在の事務手続き等が変わるということはない。

（出所：全国高齢者医療主管課（部）長及び国民健康保険主管課（部）長並びに後期高齢者医療広域連合事務局長会議資料（2020 年 2 月 18 日））

　マイナンバーカードの電子証明書の認証基盤は、行政サービスに留まらず、民間企業の顧客サービスやマーケティング等に利活用範囲が急速に拡大され、民間企業と ICT の活用による「自治体職員（労働者）の削減」「行政サービスの効率的な提供」による行政コスト削減を目指す「自治体 DX」の推進においては欠くことができないものとされています。

　「マイナ保険証」は電子証明書等の国民への浸透を図り「見える化」していくための実証実験と位置づけられています。ここでは、「マイナ保険証」問題に、地方自治体としてどう向き合っていくべきかを考えます。

1　国民健康保険制度の位置づけと地方自治体の役割

　国民健康保険法（昭和 33 年法律第 192 号）第 1 条では「この法律は、国民健康保険事業の健全な運営を確保し、もつて社会保障及び国民保健の向上に寄与することを目的とする」と規定し、同法第 2 条では「国民健康保険は、被保険者の疾病、負傷、出産又は死亡に関して必要な保険給付を行うものとする」としています。つまり、日本国憲法第 25 条が規定する社会保障の中で、いのちと健康を守る分野において、国民健康保険制度が国民の生存権を保障する役割を持ち、国民皆保険制度を支える制度であることを明らかにしています。

　そして、同法第 3 条では「都道府県は、当該都道府県内の市町村（特別区を含む。以下同じ）とともに、この法律の定めるところにより、国民健康保険を行うものとする」「国民健康保険組合は、この法律の定めるところにより、国民健康保険を行うことができる」と規定し、国民健康保険制度における「保険者」を都道府県、市町村、国保組合としています。

　地方自治体である都道府県と市町村は、国民健康保険制度の「保険

者」として、国民健康保険制度の健全な運営を確保し、国民健康保険に加入する者のいのちと健康を保持増進していく責務を持っています。「マイナ保険証」「オンライン資格確認」に関する課題についても、個人情報保護の視点からの対応はもとより、加入者にマイナ保険証を発行する（加入者資格や窓口負担割合を付与決定する）立場にある「保険者」として積極的に関わっていくことが求められています。

2　国民健康保険の被保険者（加入者）とは
―住所を有する者は全て加入する権利をもつ―

「保険者」である都道府県と市町村は、法第2条で規定する「保険給付の提供」を行うこととあわせ、法第3条で規定する「被保険者の資格の取得及び喪失に関する事項」「国民健康保険の保険料の徴収」「保健事業の実施その他の国民健康保険事業を適切に実施する」という「保険者機能」を持っています。

「オンライン資格確認システム」で取扱う被保険者資格について、法第5条では「都道府県の区域内に住所を有する者は、当該都道府県が当該都道府県内の市町村とともに行う国民健康保険の被保険者とする」と規定しています。つまり、法第6条で次の(1)〜(11)にあげる者を国民健康保険制度の適用除外としていますが、それ以外の当該都道府県及び市町村の区域に「住所を有する者」は、全て国民健康保険制度の被保険者となります。

(1)　健康保険法被保険者（協会けんぽや健保組合加入者）

(2)　船員保険法被保険者

(3)　国家公務員共済及び地方公務員共済組合員

(4)　私立学校教職員共済制度加入者

(5)　健康保険法の被保険者の被扶養者

(6)　(2)〜(4)の被扶養者

(7) 日雇特例被保険者とならない期間内にある者

(8) 高齢者の医療の確保に関する法律規定による被保険者

(9) 生活保護世帯に属する者

(10) 国民健康保険組合被保険者

(11) その他特別の理由がある者で、厚生労働省令で定めるもの

実務上、市町村は、法第9条において「世帯主は、厚生労働省令で定めるところにより、その世帯に属する被保険者の資格の取得及び喪失に関する事項その他必要な事項を市町村に届け出なければならない」とされていることから、届出によって、資格の取得や喪失を確認し処理しています。

しかし、この届出の有無にかかわらず国民健康保険の被保険者としての資格は法第5条の「住所を有することになった時点」あるいは「法第6条の適用除外の対象から外れた時点」で取得することになり、逆に住所を有しなくなった時点等において資格が喪失することになります。

これを、「被保険者資格の事実発生主義」といいます。これにより市町村窓口ではトラブルが発生することがあります。「遡って高額な保険料が請求された」「社会保険と二重に支払った保険料が時効関係で一部しか戻ってこなかった」「資格の遡及喪失により喪失後受診にかかる高額な保険給付費が請求された」など、届出が遅れたことによる問題が発生します。

また、本来、住所を有し国民健康保険の加入者であるにもかかわらず、届出が行われないことにより、未加入となり「保険給付の提供」が受けることができない「無保険状態」が発生することもあります。

地方自治体は、その区域内に「住所を有する者」の「資格の取得・喪失処理」と「保険給付の提供」を行う「保険者機能」を有することになりますが、「オンライン資格確認システム」の利用にあたっては、この「保険者機能」により、システムが適切に機能しているか点検確

認する義務を負っているといえます。

3　オンライン資格確認システムで保険者機能は
　　的確に発揮できるのか

⑴　被保険者資格の取得、喪失処理について

①　「事実発生主義」に基づく国民健康保険資格の取得と喪失について

　「マイナ保険証」「オンライン資格確認システム」実施の理由について、政府は「資格喪失後の健康保険証の使用や被保険者番号の誤記による過誤請求の事務処理負担の軽減」をメリットとしてあげ、医療保険者や医療機関に導入への理解と協力を求めています。

　この資格喪失後受診にかかる事務とは、資格喪失後に医療機関で保険給付を受けたことから、保険給付の不当利得等の請求事務（遡って保険給付費や保険料を請求する）を差し、メリットは「マイナ保険証」「オンライン資格確認システム」により届出や保険証の提示がなくても「事実発生」が保険者及び医療機関で速やかに確認されることから、医療機関は診療報酬請求先を速やかに確定させるため不当利得等が発生することがなくなるというものです。

　実際はどうか。国民健康保険制度に関連する「資格喪失後受診」の原因のほとんどは「法第6条の適用除外の対象から外れた時点」あるいは「法第6条の適用除外の対象となった時点」からの資格の取得や資格の喪失の届出が遅れたことによるもので、「マイナ保険証」や「オンライン資格確認システム」が導入されても、法第6条の適用除外に係る情報が、事実発生時点で速やかにシステム入力されていない限り、「資格喪失後受診」の完全解消とはなりません。

　法第6条に係る健康保険法適用のうち、中小零細企業の雇用労働者が対象となる協会けんぽ組合の場合、その事務を行う企業側に事務処理を行う十分な体制が構築されていない、あるいは雇用労働者の雇用

が安定しない等の理由から、迅速な処理が行えない状況があります。

　これまで、特に事業所に対して資格処理期限を設けていなかったことから、政府は健康保険法施行規則（省令）を改正し、保険者は資格取得届出等を受理してから5日以内に加入者等データをシステムに登録する旨を規定し、改正マイナンバー法公布後の2023年6月1日から施行しました。しかし、背景にある事業所や雇用労働者の状況が変わらない限り、事態は改善されることはありません。

　また、「マイナ保険証」「オンライン資格確認」により負担が軽減されるとした医療機関における過誤請求処理ですが、国民健康保険の保険者である市町村は、地域医療の担い手である医療機関との関係を重視し、明らかに医療機関が保険証確認を怠ったあるいは診療報酬請求上のデータの入力誤りをした場合を除き、過誤返戻は行っていません。過誤返戻する場合でも、医療機関に事前に連絡を取って行うケースが多く、過誤請求処理にかかる負担は一部に留まっているのが現状です。

　確かにオンライン資格確認システムにより、医療保険制度における被保険者の資格管理は保険者共通基盤で行われ、国民健康保険では届出を待つことなく資格取得喪失処理ができるほか「無保険者の発見」も可能となります。

　しかし、届出をしないあるいはできない被保険者側の状況が保険者側で把握できない中では、機械的に資格取得喪失処理を職権で行うことはできず、事務処理上のメリットは政府が主張するほどのものはないと思われます。

　また、医療機関もシステムから出される情報をレセプト医療機関のコンピュータに取込むことでヒューマンエラーがなくなるというメリットはありますが、既に明らかになっているとおり医療機関側のシステムに誤りがある場合、その事実を保険者側は発見することは困難です。こうした状況が、問題を一層複雑なものとしています。

②　「住所を有する者」であっても住民基本台帳に登載されない者の存在

　法第5条の「住所を有する者」の認定は、原則として住民基本台帳への登録をもって行われ、市区町村では住民基本台帳への処理（転出入の届出に基づく対応）にあわせて、資格、喪失の処理を行っています。しかし、「住所を有する者」の範囲は、必ずしも住民基本台帳登録の者には限りません。

　DV被害や虐待被害を受けている者は、住民基本台帳の異動手続きをすることで、当該市区町村に「住所を有する者」であることが加害者に伝わってしまう危険性があります。従って、国民健康保険制度では、シェルター機能を維持するために、住民基本台帳に登録がなくても国民健康保険の加入を認める措置が取られています。

　また、日本国籍をもたない者の場合、3ヵ月以上日本国にいる在留資格を持たないと住民基本台帳に登録されず、在留資格が切れると登録からはずされます。技能実習生あるいは留学生として入国し、その後、期間を終えたいにもかかわらず帰国せず、違法状態で在留を続ける外国人労働者の人権問題が発生しています。そうした者は住民登録台帳に登録されず、適法に住所を有していないので国民健康保険に加入することが困難となります。

　しかし、在留資格喪失後、適法な滞在となる在留期間延長申請や在留特別許可申請、難民申請が出され、その申請に対する出入国管理庁による許可が得られるまでの期間について、その申請している活動が正当な「特定活動」等と判断されれば、国民健康保険の加入者とすることを認める特例的な措置をとっている市町村もあります。

　あわせて、住所地特例施設に入所している者については、住民基本台帳の登録上の住所は生活の本拠となっている老人保健施設等の所在地となっていますが、国民健康保険における「住所と有する者」の住所地は、その施設に入所する前の住所地となっており、保険者として

の市町村の住民基本台帳には登録されていません。

こうした住民基本台帳に登録されていない国民健康保険の被保険者は、住民基本台帳と紐づけられたマイナンバーの確認が当該市区町村ではできないことになり、マイナンバーと結びつく「マイナ保険証」も当該市町村では発行できなくなります。

DV等の場合、住民登録のある市町村でマイナンバーカードが発行されていれば、マイナンバー制度開始時にスタートした「市町村情報連携システム」を活用して個人情報を取得することは可能ですが、それもできない場合は、「オンライン資格システム」で資格確認が可能となるように、マイナンバーとは連携せずに、被保険者証番号と結びつく新たなコードを生成するという「特例的な処理」が行われることになります。

基本的に市町村国民健康保険における資格情報は住民基本台帳登録情報（マイナンバー情報）と連携し「紐付け誤り」は発生しないと考えられていますが、住民基本台帳に登録されていない「住所を有する者」について「特例的な措置」が行われていることから、誤ったマイナンバーと連携する「紐付け誤り」が発生する可能性があります。

⑵　保険給付の提供

①　「マイナ保険証」で窓口負担が軽減されるメリットはあるのか

オンライン資格確認と「マイナ保険証」のメリットとして政府は、窓口負担の限度額が医療機関側で分かるようになり被保険者の負担軽減にもつながるとしています。

現在、全国的には多数の市町村で実施されている高齢受給者証と一体化されている国民健康保険の被保険者証には、国民健康保険法施行規則の規定により「記号番号（枝番）」「氏名（性別）」「生年月日」「窓口負担割合」「適用開始年月日」「交付年月日」「世帯主氏名」「住所」「保険者番号」「交付者名（保険者名）」が記載されています。

　しかし、入院など高額な医療費が発生した際に、高額療養費を現物給付化し窓口負担を軽減することができる窓口負担限度額制度の利用は、この保険証だけではできず、別途、被保険者は保険者に申請し「限度額適用認定証」を入手し、それを医療機関に提示しなくてはなりません。

　政府のあげるメリットは、「マイナ保険証」では、この情報を医療機関で確認することができるため被保険者の窓口負担が軽減されるというものです。

　現在、国民健康保険制度では、保険料の滞納者対策として「限度額適用認定証」が使われ、市町村の判断で滞納がある者には「限度額適用認定証」を発行せず、高額療養費を市町村窓口における償還払いとする仕組みが作られており、「オンライン資格システム」では、医療機関において「限度額適用認定書」情報を入手することで、滞納者に対し限度額を適用しない「高額な窓口負担」を求めることになります。

　これは、本来、保険者である市町村が「限度額適用認定証」の発行を通じて滞納者である被保険者と接してすすめる滞納者対策を、医療機関が実質的に肩代わりするものと考えられます。

　マイナンバー改正法では滞納者対策として行われてきた「短期被保険者証」や「資格証明書」の発行が法令から削除されました。これに代わり、従来「資格証明書」の発行に伴い事実行為として行われてきた「医療機関窓口における10割負担請求」が「オンライン資格確認システム」により医療機関窓口で実施されます。保険者が発行した「資格証明書」がないなかで、医療機関がどのように「10割負担」を求めていくのか。「限度額適用認定証」の取扱いを含め、医療機関には新たな負担が生じる可能性があります。

　政府があげるメリットは、現在の保険証に「限度額適用区分」を記載すればよいのであって、「マイナ保険証」「オンライン資格確認シス

テム」をわざわざ利用しなくても、被保険者はメリットを享受することができます。確かに、「限度額区分」は世帯ないし被保険者所得により変更され、そのたびに保険証を差し替える手間は生じますが、区分変更は基本的に年一回であり、保険証を毎年更新することで、差し替える手間は解消されます。

②　窓口負担割合情報の医療保険者と医療機関における連携

被保険者資格の取得喪失に伴うものと並んで、被保険者に対する不当利得の請求や療養費の支給、医療機関における過誤調整など、医療保険者や医療機関において事務負担が大きいのが、「窓口負担割合」や「限度額区分」の相違による保険給付の支給誤りによるものです。

国民健康保険被保険者のうち70歳以上の高齢者や75歳以上の後期高齢者医療制度加入者は、前年の所得や収入に基づき窓口負担割合が1割、2割、3割（国民健康保険では2割、3割のみ）が決定されます。その負担割合の適用期間は、所得や収入情報を税務所管課から入手する期間を踏まえ、当該年度の8月～翌年の7月（年度途中で世帯所得や収入に変更が生ずる場合は変更時点から翌年の7月）となっています。

所得や収入が変わらない場合は制度改正がない限り窓口負担割合に変化はありませが、転入転出や死亡等により世帯構成員と世帯の所得や収入が変更されます。相続や株式等による譲渡所得があるなどにより窓口負担区分が変更することも多く、また、これに併せて、窓口負担限度額も変更される場合があります。

政府のあげる「マイナ保険証」「オンライン資格確認」のメリットには、こうした「窓口負担割合」「限度額区分」に関する情報が、保険者から医療機関に瞬時に反映されることで、保険給付の支給誤りによる事務負担が軽減されることがあげられています。

特に、2022年10月から後期高齢者医療制度には2割負担が加わったことから、こうした負担軽減につながるシステムが導入されること

図表 2 - 2　本来の負担割合等と表示が異なる事案への対応について

【一部負担金割合等の相違のパターン】

1.　オンライン資格確認結果と保険証の負担割合等の相違への対応

(1)調査概要・分析
　○負担割合等の相違が判明し中間サーバー等の負担割合等（※）を修正した事象について、全保険者で調査
　　合計 5,695 件　　　　　　　　　　　　　　　　　　（※）一部負担金の負担割合及び限度額適用区分
　　※負担割合等の相違が判明した事案は、既に正しい割合等に訂正済
　　※レセプト審査では保険者が保有しているマスタデータで審査→最終的に被保険者は正しい負担割
　　　合等で負担
　①正しい事務処理手順が踏まれておらず、システムで防止する仕組みがなかった事象　4,017 件該当
　　・新保険証の事前送付後、現行の保険証を再発行した場合に、マニュアルに即した取扱を行わなか
　　　ったため、負担割合等の相違が発生
　　・誤った負担割合等を入力した後に訂正した際、誤った負担割合等の情報を無効化しなかったため、
　　　システム上、当初入力した誤った負担割合等を表示
　　・負担割合等の変更等により新たな保険証を発行した際、誤った発効期日を設定したことにより、
　　　システム上、誤った負担割合等を表示　等
　②事務処理手順に関わらず、システムの仕様の問題により発生する事象　1,678 件該当
　　・月末に加入届の情報を入力し、所得が分かった翌月の月初に所得情報を入力したケースで、シス
　　　テム上、誤った負担割合等を表示　等

(2)今後の対応
　1.　今回の調査で原因が判明した事象への対応
　　・①事　案：今回の調査で判明した事案について、同様の事象が発生しないよう事務処理マニュアル
　　　　　　　　を改訂するなど、正しい事務処理手順を各保険者に徹底【速やかに実施】
　　・①②事案：事務処理誤りやシステムの仕様による負担割合等の表示誤りを防ぐため保険者システム
　　　　　　　　を改修【10月以降順次、原則として今年度中に実施】
　　　　　　　　調査で判明した事例のパターンについて各保険者で点検【11月末目途】
　2.　負担割合等の相違の可能性がある場合における被保険者からの相談対応の構築【9 月中】
　　・保険者が被保険者からの相談を受け、速やかに本来の負担割合等を確認し、被保険者や医療機関等
　　　に伝える仕組みを構築
　3.　負担割合等の表示内容をチェックする仕組みの導入【来年夏まで】
　　・保険者が保有する情報とオンライン資格確認で表示される情報を突合し、正しく表示されているか
　　　保険者がチェックする仕組みを導入

2.　オンライン資格確認結果とレセプトコンピュータの表示の相違に係る対応

　1.　レセプトコンピュータ事業者への要請
　　・オンライン資格確認等システムのデータと異なる負担割合等が表示される仕様を維持している場合、
　　　①そうした仕様となっている旨を顧客である医療機関等に伝達し、資格確認端末等で負担割合等を
　　　　確認する必要があることの周知
　　　②当該仕様の改修を行うよう、レセプトコンピュータ事業者に対して要請済み
　2.　医療機関等での仕様確認の参考のため、対象事業者の公表
　　・レセプトコンピュータ事業者に対して、自社製品の負担割合等の表示の仕様についてアンケートを
　　　行い、アンケート結果も踏まえ、以下の対応を実施済（9/29）
　　　①オンライン資格確認等システムからのデータと同期して表示している事業者名を医療機関等向け
　　　　ポータルサイトに公表
　　　②レセプトコンピュータで独自に算定した負担割合等を表示している場合があるが、今後、時期を
　　　　明示した上で改修を予定している事業者名についても公表
　　　③上記について、改めて医療機関等に周知

（出所：社会保障審議会医療保険部会資料（2023 年 9 月 29 日））

は歓迎されるところです。

　しかし実際はどうなっているでしょうか。

　2023年8月24日及び9月29日に開催された社会保障審議会医療保険部会では、厚生労働省調査の結果、医療保険者として所得情報等に基づき確認し被保険者証に記載されている負担割合と、保険医療機関が把握している負担割合の違いが分かり、修正が行われた事案が5695件あったことが明らかにされました。

　調査の内訳では、「正しい事務処理手順が踏まれなかったことにより発生した事案」が相当数あるとされています。「正しい事務処理手順」を行わなかった医療保険者、市町村に問題があったということをあげているように見えます。

　しかし、この「正しい事務処理手順」の多くは、「オンライン資格確認システム」では負担割合相違が生じてしまうため手作業で修正をかけるために新たに設けられた手順です。明らかに「オンライン資格確認システム」のシステム誤りがその原因です。

　「マイナ保険証」の具体化にあたり、2018年度の国民健康保険の都道府県単位化とあわせて本格稼働された「情報集約システム」(市町村の資格情報等を国民健康保険団体連合会に日次集約するシステム)と「オンライン資格確認システム」の連携が行われましたが、その際に新規更新情報が過去情報と一致すると新規更新情報の更新がなかったと判断されるなどのシステムエラーが発生しています。そのため、システム運用側から市町村保険者に「エラー回避のために過去情報を削除する」手作業等の「正しい事務処理手順」が数多く提供されることになりました。

　また「システム側の仕様問題」では、医療保険者側がオンライン資格確認システムに情報提供した負担割合や限度額認定区分情報に保険医療機関のレセプトコンピュータが連携せず異なる負担割合が表示さ

れる場合がありました。調査結果では、その業者数は負担区分で 47 社、限度額認定区分で 28 社になることも分かりました。

　つまり、「マイナ保険証」「オンライン資格確認システム」とそこに連携する医療保険者側システムと保険医療機関側システムの欠陥により、医療保険者が保有する「窓口負担割合」「限度額区分情報」が保険医療機関に提供されない状況があることが明らかになったといえます。

　社会保障審議会医療保険部会では、対策として「誤りを生じないためのシステム改修」の徹底と「保険医療機関側システム改修」をあげていますが、その改修についてだれが責任を負い、いつまでに行い、誰が検証するかは不明です。

　また、医療保険部会では「保険者が保有する情報とオンライン資格確認で表示される情報を突合し正しく表示されているか保険者がチェックする仕組み」の導入を 2024 年夏までに行うとしており、医療保険者が保険医療機関に提供している情報の真偽を確認できない状況がしばらく続くことになります。

　社会問題化している「マイナ保険証」「オンライン資格確認」の相違は、政府が「マイナ保険証」「オンライン資格確認システム」のメリットとしてあげた保険者と医療機関の負担軽減が行われず、逆に新たな負担を生んでいることを明らかにしたものといえます。

4　オンライン資格確認システムと「マイナ保険証」利用の意味すること

⑴　「保険者機能」の強化と事務負担の軽減

　国民健康保険の「保険者」としての「保険者機能」は、「保険給付の提供」「被保険者の資格の取得及び喪失の処理」「保険料の徴収」「保健事業の実施その他の国民健康保険事業を適切に実施する」ことであり、その「保険者機能」の発揮は、給付の適正化、資格適用の適正化、保

険料収納率向上、被保険者の健康保持増進など保健事業の充実強化として行われ、それを通じて、保険者は制度を持続可能なものとする財政基盤の確立を図ることにあります。

　そうした視点から、医療保険者である市町村は、現在進められている「マイナ保険証」「オンライン資格確認」の利用にメリットがあるのかについて考え、判断していく必要があります。メリットがない中でシステムの導入等を図ることは、国民健康保険制度の健全で安定的な運営を阻害し、制度破壊に結びつく危険性があるからです。

　「オンライン資格確認システム」は、他の保険者との資格情報の情報連携強化を通じ、現在行われている「被保険者の資格の取得と喪失処理」の適正化を補完し、それに要する事務負担の軽減につながるメリットのある仕組みです。

　しかし「マイナ保険証」により保険証が無くなることで、オンライン資格確認システムは、これまでの補完的な役割から主体的な役割へと変わります。主体的な役割を果たすための条件整備がない中では、保険者にはむしろ事務負担の増大というデメリットを生むことが考えられます。

　様々な「マイナ保険証」をめぐる問題が露出するなかで、政府は「マイナ保険証」に対する国民の信頼を高めていくことで保険証廃止をすすめるとしています。信頼回復をどのように進めるかは極めて不透明ですが、保険者として「マイナ保険証」は必要であるか、保険証を廃止しても「保険者機能」の強化は図られるか、いまこそ立ち止まって考えて行く必要があります。

　保険者の中には、保険証発行することによる事務負担や郵送料負担の軽減が行われるというメリットから「マイナ保険証」実施を促進すべきとの意見もあることは事実です。しかし、事務負担や費用負担の軽減を理由にして、本来の「保険者機能」を失っていいとはいえません。

⑵　保険者である地方自治体として考えなくてはいけないこと

　神奈川県における「要望書」は、国民健康保険制度の事務を進める保険者として、保険医療機関や被保険者からの問合わせ等を通じて確認されたオンライン資格確認システムの問題点について、保険者間で協議を行い取りまとめられたものです。それは、日々の業務を通じ積み上げられたものといえます。

　国民健康保険制度と後期高齢者医療制度は、我が国の国民皆保険制度を支えるものであり、「住所を有する者」の誰もが被保険者として医療の「保険給付」を受ける権利を保障する保険制度です。それは、地方自治体が保険者機能を担うことで実現される制度です。そして、地方自治体の役割は、具体的な事務を担う自治体職員（労働者）の日常業務における経験や知識の蓄積、保険制度を構築する被保険者や医療機関等からの意見や問合せ、情報収集をもとに発揮され、強化されるものです。

　7月に共同通信が行った「マイナ保険証」をめぐる市町村首長アンケート（回答率84％）の結果では、「マイナ保険証」による保険証の廃止を予定通り進めるべきとしたのは28％、延期すべきが40％、やめるべきとしたのは2％となっています。

　持続可能な市町村制確立・存続を図るため、多くの自治体ではコスト削減と国庫補助金獲得につながる「自治体DX」推進を掲げ、あらゆる事業において情報連携基盤となるマイナンバーカード普及は必要と考える首長は多数いると思います。

　しかし、「マイナ保険証」による保険証廃止については、国民健康保険の保険者の立場として、具体的な保険者業務の蓄積を通じて得られた課題を提起するとともに、住民福祉の向上のため持続可能な国民皆保険制度を堅持するという立場から、必要な意見を述べていくことがいま求められています。

資料：マイナンバーカードと健康保険証の一体化に対する要望書

　国会で可決された「行政手続における特定の個人を識別するための番号の利用等に関する法律（マイナンバー法）等の一部を改正する法律」においては、マイナンバーカードと健康保険証を一体化し、従来の健康保険証を原則廃止するとともに、マイナンバーカードでオンライン資格確認を受けることができない状況にある者に対しては被保険者本人等の申請に基づき、資格確認書を交付するという内容が盛り込まれました。

　マイナンバーカードの健康保険証利用については、資格喪失後の健康保険証の使用や被保険者番号の誤記による過誤請求の事務処理負担（資格喪失や異動後の資格情報の照会、医療保険者間調整、本人への請求等の事務作業）が減少するという医療保険者及び保険医療機関等の事務負担軽減につながるとともに、本人の同意に基づく「特定健診結果情報」や「調剤情報」の閲覧を通じて、適正な医療を提供することにつながるという利便性（メリット）があるとされています。

　しかしながら、マイナンバーカードの健康保険証利用を支えるオンライン資格確認等システムでは、情報集約システムからの連携において、資格適用日が健康保険証交付日となっていることや被用者保険側の資格取得喪失手続きの遅れの結果、資格の空白期間や資格相違が生じている事象のほか、医療機関において、レセプトコンピュータの仕様により、オンライン資格確認等システムでは正しい情報を提供しているにもかかわらず、レセプトコンピュータ上では正しい負担割合等を取得できない事象など改善を要する障害が発生していることに加え、マイナンバーカードの健康保険証利用にあたり別人の個人番号が登録され、他人の個人情報を閲覧できる状況が生まれるなど、利便性を発揮する以前に解決すべき課題がいくつか見られるところです。

　また、マイナンバーカードの健康保険証利用の条件となる、全保険医療機関等におけるカードリーダーやオンライン資格確認等システムの導入についても、神奈川県では令和5年6月4日現在で70.4％に留まっており、またシステムの導入が免除される保険医療機関等もあります。こうした中で、全被保険者がマイナンバーカードと健康保険証の一体化をしても、保険医療機関等で資格確認ができず、保険診療を受けることができない事態が生ずる可能性があります。

改正法では、保険診療を確実に受けることができるよう資格確認書を交付するとしていますが、その具体的な交付手続きについて、本人申請を原則としながら、申請勧奨に応じない場合、或いは、高齢者や乳幼児等の資格確認書の申請が困難と思われる者で、家族や施設職員等の代理申請が見込めない場合には、保険者の判断により職権で交付ができる仕組みとするとしており、保険者は、勧奨対象者抽出や申請勧奨など、全ての被保険者が保険診療を確実に受けるようにするために、新たに業務が発生することになります。あわせて、被保険者にも毎年申請をするという新たな負担が生じることとなります。

また、資格適用適正化では、多くの国民健康保険組合で行っている健康保険証更新時の資格適用確認作業ができなくなり、有資格者の適用外れや無資格者の適用などの事態が生じる可能性もあります。

特に、国民健康保険は国民皆保険制度を支える制度であり、他の公的医療保険等に属しない74歳までの全ての者が加入し、75歳以上は原則、後期高齢者医療制度に加入します。マイナンバーカードと健康保険証の一体化を行っていない等の理由で、保険医療機関等において保険診療を受けることができない事態はあってはならないと考えます。

マイナンバーカードと健康保険証の一体化に伴う健康保険証の廃止にあたり、国民健康保険制度及び後期高齢者医療制度の円滑かつ安定的な運営の確保に向け、次の事項について、国において、速やかに対応いただきますよう要望します。

1 オンライン資格確認等システムにおける次の障害について、速やかに改善を図ること。また、障害に係る情報については、医療保険者及び医療機関等へ、速やかに情報提供すること。
 (1) 情報集約システムにおける資格適用日が健康保険証交付日となる事象
 (2) 医療機関のレセプトコンピュータにおいて誤った情報を取得する事象
2 医療保険者が異なる個人番号を登録しないよう、登録システムについて抜本的な見直しを行い、再発が生じないようにすること。
3 マイナンバーカードによりオンライン資格確認を受けることができない状況にある者に対する「資格確認書」の交付については、医療保険者が申請勧奨によらずとも、交付対象者を抽出し、交付できる仕組みとするなど、被保険者が保険医療機関等において、切れ目なく、確実に保険診療を

受けるものとすることを基本に、医療保険者に新たな事務負担が生じない
ものとすること。

4　マイナンバーカードと健康保険証の一体化に向けた取組みを進めるにあ
たっては、国民・被保険者、保険医療機関、医療保険者に新たな事務負担
や混乱が生じないようにすること。

5　保険者におけるシステム改修による新たな負担や保険医療機関等におい
て混乱が生じないよう、資格確認書の様式は、現行の健康保険証に準じた
ものとすること。

6　現行のマイナンバーコールセンターの拡充など、国において、オンライ
ン資格確認等システムを含む、マイナンバーカードと健康保険証の一体化
に係る被保険者からの問合せに対応するコールセンターを開設すること。
また、全国で統一的な回答を行うため、コールセンターにおいて使用する
FAQ を医療保険者と共有すること。

令和 5 年 6 月 20 日

厚生労働省保険局長　　様

　　　　　　　　神奈川県国民健康保険・後期高齢者医療制度主管課長等一同
横浜市、川崎市、相模原市、横須賀市、平塚市、鎌倉市、藤沢市、小田原市
茅ヶ崎市、逗子市、三浦市、秦野市、厚木市、大和市、伊勢原市、海老名市
座間市、南足柄市、綾瀬市
葉山町、寒川町、大磯町、二宮町、中井町、大井町、松田町、山北町
開成町、箱根町、真鶴町、湯河原町、愛川町、清川村
神奈川県医師国保組合、神奈川県歯科医師国保組合
神奈川県食品衛生国保組合、神奈川県薬剤師国保組合
神奈川県建設業国保組合、神奈川県建設連合国保組合
神奈川県後期高齢者医療広域連合
神奈川県

3　マイナ保険証と「保険者の自治」

門脇美恵

1　「マイナ保険証」問題に接して

⑴　「マイナ保険証」に関する地方公共団体の動き

　医療機関窓口における公的医療保険の資格確認を「保険証と一体化したマイナンバーカード（以下、「マイナ保険証」）」の利用に一元化し、現行保険証を廃止するという「行政手続における特定の個人を識別するための番号の利用等に関する法律（マイナンバー法）等の一部を改正する法律」（令和6年法律第48号。以下、「改正マイナンバー法」）が、2023年6月2日に成立し、6月9日に公布されました。施行は、この公布の日から1年6月を超えない範囲内の政令で定める日以降とされています。

　しかし、そもそもマイナンバーカードは申請を前提とするので、このカードを取得すること自体への必要性を感じない、あるいはシステムへの信頼性の疑念から、取得をしないという国民が相当数いたと思われ、その取得率は低調でした。結局、しびれを切らした政府が「マイナポイント」の付与と現行保険証廃止の方針を強調することで、強引にこのカードの取得へと誘導しましたが、マイナ保険証としてのその利用は、今もなお非常に低調なままです。それは、現行の保険証が、公的医療保険という、国民すべての生命と健康という最も大切なものをしっかりと下支えする制度とわたしたち一人ひとりをつなぐものであり、多くの問題が指摘されているマイナンバーカードにこの重要な機能を任せることに不安を感じているからではないでしょうか。「マイナ保険証」と現行保険証廃止が抱える問題点については、日弁連が2023年11月14日付けで意見書を提出し、その中で指摘されていると

ころです。

　現行保険証を廃止することには、保険給付を現物で被保険者に提供する医療機関から強い反対意見が出されています。保険者からも、後述するように、国民健康保険（以下では適宜、「国保」と略称）の保険者、とくに市町村の議会から、現行保険証廃止の撤回等を求める意見書（地方自治法99条）が続々と提出されています。そのなかには、「平成の大合併」で合併を選択しなかった比較的小規模な地方公共団体もみられます。また、本書別稿で触れられるように、神奈川県では2023年6月付けで、国民健康保険制度と後期高齢者医療制度の医療保険者の国保業務担当責任者連名による「マイナンバーカードと健康保険証の一体化に対する要望書」が提出されています。

　わたしたちのマイナ保険証に対する不安を汲み取り、現行保険証廃止決定の撤回、廃止の延期、運用の改善等を国に求めるこのような地方公共団体のうごきには、心強い気持ちになります。ですが、よく考えると、公的医療保険の保険者は、地方公共団体だけではなく他にも複数存在します。それにもかかわらず、なぜ国保の保険者、なかでも地方公共団体から積極的に意見表明がなされているのでしょうか。さらに言えば、そのなかでも市町村の議会のうごきが特に活発なのでしょうか。わたしは、それには理由があるのではないかと考えています。本稿では、以上の疑問を念頭に、その理由を探り、市町村（特別区を含む。以下、同様）が公的医療保険の保険者であることの積極的意義を明らかにしたいと思います。

1　日本弁護士連合会サイト参照（https://www.nichibenren.or.jp/document/opinion/year/2023/231114_2.html）（最終閲覧2023年12月1日。以下同様）。
2　全国保険医団体連合会サイト参照（https://hodanren.doc-net.or.jp/）。
3　地方自治法99条「普通地方公共団体の議会は、当該普通地方公共団体の公益に関する事件につき意見書を国会又は関係行政庁に提出することができる」。
4　全国保険医団体連合会サイト参照。「保険証残せ　自治体意見書採択が87市町村に」（https://hodanren.doc-net.or.jp/info/news/2023-10-18/）。

図表3-1　健康保険証の存続等を求める自治体意見書（採択状況）

（中央社会保障推進協議会調べ、2023年10月）

都道府県議会	岩手県	
市町村議　会	都道府県	自治体名
	北海道	美唄市　北広島市　網走市　ニセコ町　安平町　江差町　森町　浦河町　標茶町　南幌町　津別町
	山形	庄内町
	福島	喜多方市　会津坂下町
	埼玉	北本市　八潮市　鳩山町　三芳町　越生町
	東京	調布市　小金井市
	神奈川	座間市　海老名市　鎌倉市　南足柄市　愛川町　清川村
	山梨	上野原市　都留市
	新潟	胎内市
	長野	松本市　駒ケ根市　安曇野市　軽井沢町　立科町　長和町　南箕輪村　宮田村　阿南町　泰阜村　下條村　飯島町　青木村　栄村　富士見町　北相木村　麻績村　山形村　松川村　白馬村　南相木村　朝日村　小布施町　原村　南木曽町　王滝村　大桑村
	滋賀	愛荘町
	京都	長岡京市　向日市　精華町
	奈良	大和高田市　河合町
	広島	尾道市　庄原市
	高知	いの町　芸西村
	香川	三木町
	福岡	中間市　柳川市　直方市　行橋市　みやこ町　糸田町　鞍手町
	佐賀	鳥栖市
	宮崎	国富町
	沖縄	中城村　北谷町

（出所：全国保険医団体連合会 https://hodanren.doc-net.or.jp › info › news）

(2)　「保険者の自治」に着目する理由

　本稿ではこの問題を、「保険者の自治」という切り口から検討していきます。「保険者の自治」といっても、そのような言葉は聞いたことがない、という人がほとんどかもしれません。日本の公的医療保険制

度においても、後述するように、保険者の自治のしくみは存在するの
ですが、あまり意識されていない側面だと思います。にもかかわらず、
わたしが「自治」という視点から日本のマイナ保険証をめぐる問題を
考えるのは、これまでドイツの公的医療保険における保険運営のあり
方を研究してきたためです。それは一言でいえば、保険当事者の参加
に基づく当事者自治です。わたしは、行政法学の視点から、これを医
療保障（ドイツと日本ともに社会保険が基本となります）領域における行
政過程への参加としてとらえ、関心をもってきました。そして、今回
のマイナ保険証をめぐる問題に接し、わたしが最初に思ったのは、被
保険者の多くが現行保険証の廃止を求めていない、むしろ存続を望ん
でいるのだとすれば、その意見を保険者に伝え、保険者がそれを国に
対して主張することが必要ではないだろうか、ということです。しか
し、今のところは前述の通り、一部の国保保険者を除いてそのような
積極的な動きは見受けられません。それはなぜなのでしょうか。反対
に、なぜ一部の国保保険者はそのように声をあげることができたので
しょうか。「保険者の自治」という観点からは、そのような疑問が浮か
んできます。本稿は、このような問題関心を背景としています。

⑶　本稿の流れ

　以上の問題関心を前提として、本稿は次のような内容で構成されて
います。まず、日本の公的医療保険制度における被保険者の参加のた
めにはどのようなルートが存在するかを確認し、そのうちの一つとし
て保険者の運営とくに意思決定過程への被保険者の参加の仕組みを確
認します。日本の公的医療保険制度においては、種類の異なる複数の
保険者が並存していますので、意思決定過程も一様ではありません。
特に、国保においては保険者の議決機関は純粋に保険当事者を代表す
るものではなく、住民総体を代表する地方公共団体の議会であるとい
う点において、他の保険者と明確な違いがあることがわかります。

　次に、ドイツの公的医療保険を特徴づける自治について、保険者の自治を含め、その全体像を概観します。なぜ、ドイツでは公的医療保険が自治という行政類型によって行われるようになったのかをたどっていくと、そこには医療保障という領域がもつ性質と、自治という行政類型に密接に関わる「参加」および「近接性」というメルクマール、さらには自治によって実現される「自己決定」の観念と民主主義へのつながりがみえてきます。しかし、それと同時に、保険者の自治のような当事者自治に対しては、一部の部分利益の特権化により公益がゆがめられるおそれがつきまとうため、民主主義との間には一定の緊張関係が存在することもわかります。保険者の自治がもつ、いわば「弱点」です。

　最後に、この「弱点」を補完し、民主主義をむしろ強化し得るのが、保険者でもある地方公共団体ではないだろうかという私見を示したいと思います。

2　日本における公的医療保険の基本構造とその特徴

⑴　日本の公的医療保険制度の基本構造

　わが国の公的医療保険の法整備は、まず、健康保険法（1922 年制定）から始まります。同法は、第一次世界大戦による好景気下の急激なインフレとその後のいわゆる「戦後恐慌」による大量失業者の発生を背景とする労働運動・労働争議への対応の必要性を背景として制定された、労働者を対象とした被用者保険でした。この際に参考としたのは、世界初の社会保険として知られる「ビスマルク社会保険立法」の中で、1883 年に最初に整備されたドイツの公的医療保険でした。当時のドイツも、資本主義経済の急激な発展に伴い労働者の増加とその貧困が社会問題化しており、公的医療保険制度は、いわゆる「アメとムチ」の「アメ」として、労働運動ないし社会主義運動を抑え込むために制定

されたものでした。日本はその後、国民皆保険の達成に至るまで、医療保障を社会保険方式で整備していくことになるわけですが、健康保険法の制定はその先鞭をつけたといえます。その後、同法は1942年に職員（ホワイトカラー）を被保険者とする職員健康保険法（1939年）を統合し、被保険者の範囲を拡大しました。これとは別に、戦時体制下では国防上重要であった船員を対象とした、医療保険を含む船員保険（1939年）が政府を保険者として制度化されました。このように、日本の医療保障制度は、労働者保険から被用者保険へと展開していきました。[5] その後、ときを経て、被用者以外の者をも取り込んだ、「国民皆保険」が1961年に初めて達成されます。これは、地域保険である国民健康保険が、被用者保険ではカバーされず、かつ何ら公的な医療保障をもたない人びとすべてを強制的被保険者とすることによって達成されました。

(2)　地域保険としての国民健康保険

　国民皆保険が達成されたのは1961年ですが、国民健康保険法が制定されたのは1938年です。そこから、現在の国保の基本形がつくられるまでの歴史をみてみましょう。[6] 立法当時、同法の対象は主に農民であり、保険者も公法人である組合で、組合設立も加入も任意でした。当時は、金融恐慌（1927年）と世界恐慌（1929年）、そして東北地方を中心とする大凶作の影響による農村の衛生・健康状態の深刻化、子女身売りが横行し、同法の立法にはこの農村の社会問題への対応という意味がありました。その後、戦時体制下で国が国保事業を後押しした

5　公務員（戦前は軍人・官吏）については、国家公務員共済組合法（1948年）および地方公務員共済組合法（1962年）が施行されるまでは、都道府県と市町村、身分、職種等のちがいによって恩給制度や共済組合等の複数の制度によってそれぞれに対応がなされていました。

6　国民健康保険およびその保険者の沿革についての説明は、島崎謙治「国民健康保険における自治体の位置づけと課題」自治体国際化協会・政策研究大学院大学比較地方自治研究センター『分野別自治制度及びその運用に関する説明資料 No.17』（2010年）（https://www.clair.or.jp/j/forum/honyaku/hikaku/pdf/BunyabetsuNo17jp.pdf）2-3頁の内容によります。

こともあり、全国的に普及し、1942 年ないし 1943 年ごろには、町村部では約 98％、全体では約 95％ の市町村に国保組合が設立されていました。このことをもって「第一次皆保険の完遂」と称されることがありますが、当時は数合わせのために設立された名目的な組合も存在し、給付内容も健康保険に比べると劣っている組合が多数を占め、国民皆保険の実質を備えていたわけではありませんでした。その後、第二次世界大戦の敗戦により、組合による国保制度は壊滅的な打撃を受け、保険事業の休止が相次ぎました。

　そこで、国民健康保険の財政再建を図るために、1948 年の国民健康保険法改正により、国保保険者が組合から市町村に改められることになりました。当時、厚生省保険局国民健康保険課の事務次官であった小島米吉は、市町村公営主義のメリットとして、国保の公共性の強化と社会保険としての効果の向上、市町村が予防・公衆衛生および生活保護との不可分の関係にある国保を同時に担えること、保険料の徴収・滞納処分を市町村税と同様に行うことによる財政問題の緩和を挙げています。反対に、デメリットとしては、国保事業が市町村の議会を通じて行われる場合、政治的中立性が損なわれ「党派的な争いのえさ」（原文引用）になるおそれ、事業運営が単に機械的な扱いになり自由闊達な成長が妨げられるおそれを指摘しています[7]。小島のこの指摘は、社会保障法研究者から「今日の目からみても、国民健康保険の保険者のあり方を考えるうえで非常に興味深いものがある」と評価されています[8]。

　そして、ついに 1961 年には国民皆保険の実現に至ります。日本は戦後、目覚ましい経済復興を遂げますが、1955 年当時でなお、約 3000 人の無保険者が存在しました。この問題を解消するために国民皆保険を

7　小島米吉『国民健康保険法の逐条解説』（社会保険法規研究会、1948 年）48-49 頁。
8　島崎・前掲論文 3 頁。

目指すことは、1950 年の社会保障制度審議会勧告においてもすでに触れられており、その後、同審議会の「医療保障制度に関する勧告について」（1956 年）の中で、国民皆保険体制の確立がその柱とされ、1955年 11 月の自由民主党の結成の翌年である 1956 年 1 月に鳩山一郎首相の施政方針演説の中で、国民皆保険による医療保障が目標とされることが示され、1958 年末に国民健康保険法は全面改正されました。これにより、市町村は 1961 年 4 月までに国保事業の実施を義務付けられるとともに、市町村に住所を有する者は被用者保険の加入者でない等公的医療保障を欠く限り強制加入されることになり、皆保険が実現されました。

　市町村が国保保険者とされた理由としては、市町村は、すでに 1948年の法改正により保険者となっていたことに加え、地域保険の被保険者資格である住所を管理しているため、「漏れなく国民を公的医療保険の『網にかける』には、市町村を国民健康保険の保険者とすることが適当であったから」です。皆保険実現のための「受け皿」としての国民健康保険の性格からすると、領域団体としての市町村が保険者であることの重要性がわかります。国民健康保険の保険者は、公的医療保険制度を支える数ある保険者のうちの一つであるだけではなく、同時に、すべての国民に医療を保障するという皆保険を支えるものであり、その意味で医療保険制度全体に関係するという重要な性格をもっています。この意味で、国保保険者としての都道府県・市町村は、他にはない際立った特徴をもつ保険者であるといえます。

⑶　日本の公的医療保険者の組織と意思決定過程の多様さ

　公的医療保険の保険者には、都道府県および市町村（国民健康保険）のほかに、各種の公共組合（国民健康保険組合、全国健康保険組合協会、

9　島崎・前掲論文 3 頁。
10　後期高齢者医療制度も皆保険を支える重要な制度ですが、ここではさしあたり国民健康保険に着目します。

健康保険組合、各種の国家・地方公務員共済組合）および特殊法人（日本私立学校振興・共済事業団）が存在します。さらに、75歳以上の後期高齢者のみを被保険者とする別建ての医療保険制度の保険者として、都道府県の区域ごとに当該区域内のすべての市町村が加入する後期高齢者医療広域連合（特別地方公共団体）も存在します。保険者の組織法上の種類は様々ですが、それらが行政体としての性質をもつかどうかについて、特に強制加入制の採用の有無と公権力性の付与に着目して関係法令をみると、いずれの保険者も行政体としての性質をもつといえます[11]。

　本稿の問題関心、すなわち公的医療保険制度の運営における被保険者の意見の反映を行政過程への参加としてとらえると、そこには異なる３つのルートが存在します。すなわち、第一に、保険者の意思決定過程への参加、第二に、診療報酬等を定める法規命令の制定過程への参加、第三に、行政手続法（条例）上の意見公募手続に基づく意見提出による一般公衆の地位における参加です。前者は、制度の管理・運営への参加、後二者はそれぞれ狭義および広義における政策の企画・立案過程への参加であるといえます[12]。以下で、それぞれについて少し詳しく説明します。

　第一のルートは、保険者の組織法上の種類が一様ではないため、保険者の意思決定機関の委員の選出手続に（基幹）被保険者が直接的に参加することが制度上保障されている保険者においてのみ実現可能です。すなわち、国民健康保険組合（国民健康保険法26条）、健康保険組

[11]　「行政体」の概念、国および地方公共団体以外の行政体の多様性ならびに行政体性の個別具体的判断の必要性について、市橋克哉ほか『アクチュアル行政法〔第3版補訂版〕』（法律文化社、2023年）43-48頁〔榊原秀訓〕参照。

[12]　狭義における政策の企画・立案過程への参加には、行政計画策定過程への参加も分類されますが、ここでは論じる余裕がありません。ただ、医療の分野では計画内容が主に医療供給体制に係るものであるため、その策定過程に参加する主体の中心は、医療供給者サイドの組織となっています。

合（健康保険法 18 条）、地方公務員等共済組合法上の一部の共済組合
（地方公務員等共済組合法 9 条）です。これに対して、国民健康保険の保
険者としての都道府県および市町村（国民健康保険法 11 条）、健康保険
法上の保険者としての全国健康保険協会（健康保険法 7 条の 18）、船員
保険の保険者としての全国健康保険協会（船員保険法 6 条）、国家公務
員共済組合（国家公務員共済組合法 9 条）、地方公務員等共済組合法上の
一部共済組合（地方公務員等共済組合法 6 条）、日本私立学校振興・共済
事業団（日本私立学校振興・共済事業団法 18 条）においては、意思決定
機関または諮問機関（参与機関のような拘束力をもちません）が法律に
基づき設置され、その委員に被保険者の利益代表委員が入ることによ
って、被保険者の利益の反映を図るルートが存在します。しかし、こ
の委員は、例えば主務大臣の任命による（全国健康保険協会）など、そ
の選任過程への被保険者の関与が法的に保障されておらず、被保険者
の参加手段としては限界があるといえます。

　また、後期高齢者医療制度においては、以上とは異なる仕組みがと
られています。保険者である後期高齢者医療広域連合は特別地方公共
団体として、議決機関として議会が設置され、その議員は、当該広域
連合の規約で定めるところにより、当該広域連合の選挙人が投票によ
り又は広域連合を構成する市町村・特別区の議会が選出します（地方
自治法 291 条の 5 第 1 項)。[13]したがって、後期高齢者医療広域連合の議
会は、区域内の全ての住民を代表するものであると解され、国保保険
者としての都道府県・市町村と同様に、その議決機関は被保険者（主
として当該広域連合の区域内に住所を有する 75 歳以上の者）を含む保険当
事者だけの代表であるわけではありません。

13　なお、広域連合の長は、規約で定めるところにより、広域連合の選挙人が投票により又は広
　域連合を組織する市町村長が投票によりこれを選挙します（同条 2 項）。実際には、議会および
　長の選出は、いずれも、選挙人による投票ではなく、当該広域連合を構成する議会および長に
　よる旨が定められているようです。

　第二のルートは、法規命令（行政機関が制定する対外的に法的効果ないし拘束力を有する法規範です）を制定する厚生労働大臣の諮問機関である中央社会保険医療協議会の委員に被保険者代表が任命されることによって間接的に実現されますが、その代表の選定過程は透明性を欠き、被保険者個人の関与が制度上保障されていません。[14]

　第三のルートは、この領域において意見公募手続がそもそも行政手続法39条4項2号または4号の適用除外に該当する場合が多いことに加え、[15]提出された意見の行政の意思決定への反映についてはその取捨選択を含めて行政の裁量に委ねられており（行政を起点とする「一往復半のコミュニケーション[16]」）、行政の決定への民意反映というよりも、むしろ当該決定の理由を合理的に説明する手段（説明責任履行手続）としての性格をもつことが指摘されています。[17]

　以上から、現在、日本の公的医療保険行政への被保険者個人の参加は、第一のルートにより一部の保険者において（その実際の運用状況はともかく）制度上は保障されていますが、その他のルートにおいては、個人の参加の機会または参加の結果の反映はそのようなかたちで保障

14　社会保険医療協議会法によれば、中央協議会および地方協議会はそれぞれ、①健康保険、船員保険及び国民健康保険の保険者並びに被保険者、事業主及び船舶所有者を代表する委員（7人）、②医師、歯科医師及び薬剤師を代表する委員（7人）、③公益を代表する委員（6人）によって組織されます（3条1項）。委員の任命は厚生労働大臣が行うものとされ（同条4項）、①および②の委員についてはそれぞれ、「医療に要する費用を支払う者の立場を適切に代表し得ると認められる者の意見」および「地域医療の担い手の立場を適切に代表し得ると認められる者の意見」に「配慮するものとする」と定められていますが、その決定権は厚生労働大臣にあります。ただし、③のうち中央協議会の公益代表委員は両議院の同意人事とされ（同条6項）、公益性の確保に慎重な手続がみられます。

15　市橋ほか前掲書36-37頁〔市橋〕は、行政手続法が、特別法や適用除外を多く認めており、国民生活に関わる行政領域に適用されず、結果として、経済活動を行う事業者のための手続法という特徴を顕著に有していると指摘しています。

16　常岡孝好『パブリック・コメントと参加権』（有斐閣、2006年）226頁、角松生史「決定・参加・協働─市民／住民参加の位置付けをめぐって」『新世代法政策学研究』4号（2009年）15頁、20頁。

17　豊島明子「パブリック・コメントの意義と課題」室井力編『住民参加のシステム改革』（日本評論社、2003年）189-190頁。

されてはいません。[18]

(4) 公的医療保険の保険者を地方公共団体も担うことの意味

　ここまで、日本の公的医療保険が複数の異なる性質をもつ保険者によって担われていることを確認しました。その特徴を簡単にまとめると、第一に、国民皆保険を達成するための制度設計です。それは、被用者保険と、それによってはカバーされない人的範囲の「受け皿」として地域保険の併存です。特に、区域内の住民（住所）を管理する市町村が（2018年以降は広域化により都道府県も）保険者となることにより、無保険者の発生を効果的に防止することができます。第二に、保険者はいずれも行政体であることは共通しますが、その組織法上の性質が様々であるため、その意思決定過程も一様ではありませんでした。健康保険組合のように、議決機関が保険当事者（雇用主と被用者）によって構成・選出される保険者もあれば、国保の保険者（都道府県・市町村）や後期高齢者医療保険（広域連合）のように地方公共団体が保険者である場合には、その議決機関は当該区域内の住民総体の代表としての議会が担うことになり、したがって、そこでは議会において代表される利益と保険当事者の利益の制度上の一致はありませんでした。この、議決機関の代表する利益と保険当事者の利益の制度・組織上のズレを、どのように理解すればよいのでしょうか。

18　第一のルートで組合員たる被保険者個人に保険の管理・運営への参加が法律上保障されている場合であっても、法律の規定が労使双方に公平なものとなっているか、さらに、実務上選挙手続が適法かつ公正に行われているかという点をめぐっては、問題が指摘されています。前者の点について、つとに、小川政亮『権利としての社会保障』（勁草書房、1964年）156頁は、当時の健康保険法施行令（現健康保険法二一条三項）が、健康保険組合における理事長を事業主選定議員たる理事の互選、すなわち事業主側からの選出によると規定することの問題性を指摘しています。後者の点について、例えば、JMIU日本IBM支部（日本アイビーエム、その100％子会社および関連会社の労働組合）のサイト（http://www.jmiu-ibm.org/2008/08/63.html）によれば、議決機関である組合会選挙において、選挙公示から立候補の締切りまでの期間が十分に確保されないこと、立候補のために必要な推薦人数の基準が高く設定され、立候補の障害となっていること、選挙人名簿が公開されないために立候補者の趣意書の配布が容易ではないことなどの問題があることが指摘されています。

3　ドイツの公的医療保険と「保険者の自治」

⑴　ドイツ公的医療保険における「皆保険」の意味

　日本における公的医療保険の先鞭をつけた健康保険は、すでに述べた通り、ドイツの法制を参考にしていました[19]。健康保険がそうであるように、ドイツの公的医療保険は、職域保険として発展し、その特徴を失うことなく現在に至ります。実は、ドイツは日本におけるような形での皆保険制度をとっているわけではありません。

　ドイツにおいては、現在では、いかなるかたちでの疾病時保障も欠く人を無くすという意味では皆保険の前提条件は整備されましたが、公的医療保険はあくまでも被用者保険を基本とし、そこでカバーされない人たちの「受け皿」は、日本におけるような地域保険ではなく、民間保険なのです。ドイツの公的医療保険においては、年間労働報酬が一定の基準（2023年66,600ユーロ／年）を超えず、かつ僅少限度（520ユーロ／同年月）を超える被用者（労働者（Arbeiter）および職員（Angestellte））が、主たる義務的被保険者です[20]。これに加え、法律制定者に疾病時保障を要するとみなされた一定の人的範囲にも加入義務が課せられているほか、任意被保険者および家族被保険者が存在します。以上の被保険者範囲に含まれない無保険者への対応として、2007年の法改正により一定の要件を満たす者に公的医療保険加入義務が課されるとともに、この加入義務がなく、かついかなる疾病時保障もない者には、2009年から民間疾病保険への加入義務が保険契約法に基づき課されることになりました[21]。現在、ドイツの公的医療保険の加入率

19　制度概要については、拙稿「ドイツ疾病保険における保険者自治の民主的正統化（二）」『法政論集』247号（2012年）50頁以下参照。特に近年の制度改革については、松本勝明『医療保険における競争―ドイツの連帯的競争秩序―』（旬報社、2021年）参照。

20　官吏（Beamte）は連邦または州から手当（Beilfe）によって疾病リスクから保護されているため、義務的被保険者ではありません。この手当でカバーされない医療費は、民間の私保険に加入することで補完することができます。疾病保険が現物給付原則をとるのに対して、官吏の手当は私保険と同様に費用償還原則に基づきます。

21　この場合の保険会社が提供する私保険は、法定疾病保険に相応する内容でなければならない

は9割弱、民間保険への義務的加入者を入れると9割を超えます。その結果、民間保険への任意加入者を合わせると、人口のほぼ全てが公的または民間医療保険に加入しています（0.1％程度の未加入者も存在します）。ドイツは「皆保険」をようやく達成したといえますが、その「受け皿」が民間保険である点は、日本との比較において大きな違いであるといえるでしょう。

⑵　ドイツの公的医療保険を特徴づける「自治」

　ドイツの公的医療保険の自治は、歴史をさかのぼれば、中世の職人が、立場ないし利益を異にする親方との関係において職人同士の連帯意識のうえに設立した「金庫」と呼ばれる共助にその端緒があるといわれます。このような、私的な共助の発展を国家が公的な制度に取り込むかたちで、ドイツの公的医療保険は成立しました。したがって、その保険者はいまでも「疾病金庫」と呼ばれ、自治は、金庫の運営に共通する原則です。ドイツの公的医療保険は、多層的な自治によって特徴づけられますが、その基盤となるのは、この保険者の自治です。

　医療保険の保険者である疾病金庫を含む社会保険担当機関の組織は、「自治を備えた、公法上の権利能力ある社団」であり、被保険者および雇用者の同権的な参加によって運営されることが法律上定められています。保険者の議決機関の構成員は、被保険者および雇用者が相互に分かれて、自らの代表者をそれぞれに選出します（これは「社会選挙」と呼ばれます）[22]。議決機関は、法律の範囲内で自主法である規約を制定し、理事会の構成員（専従）を選任し、理事会は法律、規約およびその他の法に従って保険の運営を行います。保険者の任務遂行は、監督

とされています（基本料金制）。詳細については、拙稿・前掲論文53-54頁参照。

22　雇用者および被保険者グループからそれぞれ一つの推薦名簿しか提出されなかった場合または複数の推薦名簿を総合しても定員を超える候補者が生じない場合（すなわち競争が生じない場合）、候補者は選出されたものとみなされます。このようなみなし選挙は「平和選挙」と呼ばれ、実際にはこれが支配的であることに疾病金庫の自治の憲法適合性（民主的正統化）の観点から批判があります。

官庁による適法性審査に限定された国家監督に服します（目的適合性審査は原則排除されています）。今ではすべての社会保険に共通する運営原則となっている自治は、元来、ビスマルク社会保険立法のうち疾病保険に固有の運営方式であり、疾病金庫の自治は最も長い伝統を有します。

　このような各保険者の自治の上に、さらに「共同自治」と呼ばれる、保険者と保険医を中心とする現物給付提供者それぞれの連合組織（いずれも一部を除き自治を備えた公法人）を中心に、両者の共同で形成される自治が存在します。共同自治では、診療報酬や保険給付の範囲など、医療保険制度全体に関わる重要事項が決定されます。診療報酬が保険者および保険医それぞれの自治連合組織との間で交渉によって決定されるのに対し、保険給付の範囲の決定は、保険者・給付提供者・公益代表者の三者によって構成される委員会によって決定される点（公益の組織的組み込み）に特徴があります。

(3)　傷病への備えと「自治」「参加」「近接性」そして「民主政」

　なぜ、世界で初めての社会保険として誕生したドイツの医療保険は、伝統的に自治をその制度・運営の原則としているのでしょうか。ここでは、そもそもなぜ医療保障が必要であるかというそもそも論に立ち返って考えてみます。

　貧困・生存不安からの解放は、個人のあらゆる自由権の効果的な行使にとって、そして政治参加にとっても、必要不可欠の前提条件です。よって、その前提を脅かす生活上のリスクに対する事前の備えが必要となりますが、通常、個人の自助努力では足りず、より大きなリスク共同体が必要となります。そのかたちは、私保険、社会保険、国家による保障など、それぞれの国の歴史と文化によって、様々でありえます。そのような生活上のリスクのうち、とりわけ生活に身近なリスクである傷病は、発生時期とその期間において予測が困難であり、かつ

そのリスクの発現や予防が個人の日々の生活と密接に関係します。したがって、個人とリスク管理という事柄およびリスク共同体（社会保険なら保険者）との「近さ」が特に要請されます。さらに、給付を現物給付で行おうとすれば、医療機関を介する必要があり、医師をはじめとする医療機関を、その経済活動の自由を前提としつつも制度に取り込むこと、その専門知識を制度の改善に活用することが必要になります。医療保障システムの当事者のこのような現場知（被保険者）と専門知（医療提供者）を取り込み（テーマへの「近さ」）、合理的な決定を行うには、「参加」と決定過程への「近さ」は親和的であり、これらの要素は「自治」という行政類型において統合され得ると考えられます。

　さらに、ドイツの公法学においては、自治は民主政原理と、一定の緊張関係をもちながらも、これを補完・強化しうるものであるという考え方があります。公的医療保険における保険者の自治は、公法上の自治のうち、区域によって構成員の人的範囲を画される領域団体の自治（「領域的自治」＝地方自治）とは異なります。保険者は、それが担う公的任務ないしその機能で人的範囲を画される自治（「機能的自治」）の主体であり、その議決機関は、あくまでも保険当事者（雇用主・被用者）の代表です。その意味で、彼らは領域団体の議会のように住民による選挙によって付与される民主的正統性を欠いています。ここに、機能的自治と民主政原理との緊張関係が生じます。ドイツ連邦憲法裁判所は、1972 年の「専門医決定」と呼ばれる決定において、医師の自治組織の自主法である規約によって、医師の職業の自由をどこまで制限できるかが争われた事件において、この論点に関して重要な言及をしています。[23]それによれば、一方において、「自治および自律の原理は、同様に民主政原理に根付き、我々の社会的秩序が有する自由希求

23　堀内健志「医師会規程による専門医制度規律と職業の自由—専門医決定—」ドイツ憲法判例研究会編『ドイツの憲法判例（第 2 版）』（信山社、2003 年）278-282 頁参照。

的性格に適うものである」から、立法者は、職業法上の規律領域にお
いて、職業団体に規約（自主法）制定権を与えることは禁止され得ませ
んが、他方において、かかる規約の制定は個人の自由を社会の集団の
力によって脅かす危険を内包するため、立法者には、かかる危険を予
防し、少数者の利益および一般の利益を守る責任が生じます。すなわ
ち、機能的自治は、その団体権力化のおそれへの予防措置として、内
部の構成員または外部の個人の権利利益を保護のために、法治主義的
な意味での「距離」が必要とされ、さらに当事者自治であるがゆえに
特殊利益化・一般公益をゆがめるおそれへの予防措置として、民主主
義的「距離」が必要となります。連邦憲法裁判所は、2002年の「水利
組合決定」において、これらの予防措置を法律制定者の制度的な民主
的正統化責任として論じ、その予防措置が講じられるという前提にお
いて、機能的自治は民主政原理に違反せず、むしろそれを補完ないし
強化しうるという見解を示しました。[24]

　以上のドイツ公法学における議論から得られるのは、次のような知
見です。すなわち、自治という行政類型が当事者の参加、それを有効
にする決定対象および意思決定過程との近さという要素を組織的に組
み込み得るものであり、「自己決定」という理念において民主政原理と
共通の基盤をもち、それゆえに一定の条件下（法治主義的・民主主義的
な「距離」保障）においては民主政原理を補完・強化しうるものである
ことです。

4　地方公共団体が公的医療保険の保険者であることの積極的意味

　さいごに、冒頭の疑問に立ち戻りましょう。なぜ、純粋に保険機能
のみをもつ（国保以外の）保険者からは現行保険証廃止決定に対する意

24　拙稿「ドイツ疾病保険における保険者自治の民主的正統化（四・完）」『法政論集』252号
　（2013年）174-178頁参照。

見は表明されず、むしろ機能的自治に領域的自治が重なり合った、その意味では「自己決定」ではなく「他者決定」の余地さえある国保保険者である地方公共団体から、現行保険証廃止に異を唱える意見書提出が相次いでいるのでしょうか。なかでも意見書は、なぜ住民により近い市町村から提出されているのでしょうか。

　先ほどみたドイツの議論を参考にして、私は、次のような仮説を考えています。すなわち、公的医療保険の保険者としての地方公共団体においては、他の保険者と異なり、領域的自治（地方自治）団体が保険者をも担うので、そこに領域的自治と機能的自治との「重なり合い」が存在し、領域的自治がもつ公益代表性（議決機関が保険当事者の代表ではなく住民総体の代表機関である点に顕著）が、機能的自治がもつ弱点（法治主義的および民主主義的「距離」の不足）を修正しうる可能性があるのではないでしょうか。

　今回の「マイナ保険証」（現行保険証廃止）問題は、国民皆保険という公的医療保険の根幹を揺るがしかねないものであり、いち保険者ないしその被保険者の利益にとどまらない、制度全体に関わる重要性をもっています。ドイツでは、保険給付の範囲という医療保険制度の根幹にかかわる事項の決定は、共同自治組織に委ねられていましたが、その構成員には、保険者および医療提供者の利益代表者だけではなく、公益代表者が入っていました。これは、おもに民主主義的「距離」を確保するためのものと理解できます。今回の「マイナ保険証」問題も、皆保険という高い公共性をもつ制度の根幹にかかわるものです。このような公共性をしっかりと主張できるのが、地方公共団体であったということは理解できますし、中でも住民との距離が「近い」市町村の議会であったというのも納得できるように思うのです。

おわりに

　公的医療保険の保険者が地方公共団体であることは、純粋な機能的自治のモデルからは外れますが、そこで領域的自治が重なっていることが、今回の「マイナ保険証」をめぐる問題においては積極的に作用し、「保険者としての自治」が活性化したと評価できるのではないでしょうか。このように考えると、公的医療保険者としての地方公共団体の法的性質を、より詳細に分析する必要があるように考えます。[25]もっとも、地方公共団体が保険者となることで、反対に、政治的中立性が損なわれ、党派的争いが持ち込まれる可能性もあることが、1948 年の国民健康保険法改正の際に、市町村公営主義のデメリットとして認識されていたことは、すでに見た通りです。また、地方議会が不活発であれば、保険者としての機能の活発化も当然難しいでしょう。本稿では、現行制度においてはすべての保険者において被保険者の意見を保険運営に反映するルートが十分に制度上確保されているとは言い難いことも確認しました。したがって、そのような部分の改善のためには、機能的自治の要素を適切に強化していくことも必要であり、日本の公的医療保険制度においては、領域的自治と機能的自治の両方の要素を、いわば両輪として充実させていく必要があるように思います。

　付記　本研究は、JSPS 科研費 21K13181 の助成を受けたものである。

25　旭川市国民健康保険条例事件最高裁判決（最大判平成 18 年 3 月 1 日民集 60 巻 2 号 587 頁）における滝井繁男裁判官の補足意見が、法廷意見と異なり、地方議会を保険集団の議決機関としても位置付けている点が、改めて注目されるように思います。倉田聡『社会保障の構造分析』（北海道大学出版会、2009 年）227-229 頁、菊池馨実「社会保障法判例」『季刊・社会保障研究』42 巻 3 号 311-312 頁参照。

第Ⅱ部

マイナンバーカードの「市民カード」化

4　マイナンバーカードによる図書館利用

岡田章宏

はじめに

　2015年10月、「行政の効率化」「国民の利便性」「公平・公正な社会の実現」をうたい文句にマイナンバー制度が導入され、翌年1月には「デジタル社会の基盤」としてマイナンバーカードの交付が開始されました。ところが、このカードに対する国民の信頼度は低く、交付開始から6年近く経ったデジタル庁発足時においても、その交付率は37.6％という状態でした。[1]そのため、政府は、マイナポイントの申込期限を大幅に延長する一方で、2024年秋には健康保険証を廃止しカード取得を事実上義務化するとともに、地方自治体にはカード取得率に応じた2023年度地方交付税の配分を表明するなど、カードの普及に向け強引な施策を次々に打ち出しています。

　その上、カードのメリットを強調するため、「利活用」の拡大にも躍起になっています。「デジタル田園都市国家構想交付金」に「デジタル実装タイプ」を設け、マイナンバーカードの利用横展開を行う自治体に財政支援を行い、さらに2023年6月には「デジタル社会の実現に向けた重点計画」を閣議決定し、「重点的な取組」のひとつに、マイナンバーカード一枚で様々な行政サービスが受けられる社会を目指す「市民カード化構想」を位置付け、自治体による利用シーンの拡大を上から一気に進展させる勢いです。

　本稿では、拙速ともいえるこうした一連の動きを踏まえた上で、「市

1　デジタル庁「業種別マイナンバーカード取得状況等調査（ネット調査）」（実施期間：2022年1月25日～2月4日）によれば、カード未取得の理由は、「情報流出が怖いから」：35.2％、「申請方法が面倒だから」：31.4％、「マイナンバーカードにメリットを感じない」：31.3％という結果であった。

民カード化」の一例として公立図書館の図書館カード化を取り上げ、そこに含まれる問題を探っていくことにします。行政サービスにかかる複数カードの「ワンカード化」は、市民の煩雑さを解消するといわれますが、従来のカードにはそれぞれ固有の役割や機能が付着していますので、マイナンバーカードに集約されたとき、それへの対応がどのようになるかは冷静にみておく必要があります。

1　公立図書館の図書館カード

　まずは図書館カードがどういうものかを確認しておくことにします。

　公立図書館を利用するためには、利用者が図書館に住所や氏名を届け、運転免許証、健康保険証等の提示により本人確認を行うことで、利用登録が行われます。そのとき発行されるのが、利用者番号を付した図書館カードであり、このカードは、その番号の保持者に図書館の様々なサービスを利用する資格があることを証明します。

　なかでも特に重要なサービスは、図書・資料の貸出です。利用者は、図書館カードを提示することで図書・資料を借り出すことができますが、その際、図書館は、公的財産である図書・資料の適正な管理・保存を理由に、利用者の「貸出履歴」（「貸出記録」ともいう）を取得し保管します。「貸出履歴」には、「貸出図書・資料の情報」「利用者情報」「返却期限」等が含まれており、かつては紙に記されていましたが、現在は図書館システムに記録されています。

　ただ、「貸出履歴」には利用者の思想や信条に関わる重要な個人情報が含まれていますので、当然、その扱いには特段の慎重さが求められます。日本図書館協会は、1954年、「図書館は、基本的人権のひとつとして知る自由をもつ国民に、資料と施設を提供することを最も重要な任務とする」という認識に立ち、「図書館の自由に関する宣言」を発しましたが、1979年には「図書館の自由に関わる事件がたびたび表面

化するようになった²」として、その宣言に「図書館は利用者の秘密を守る」という原則を加え、そこに「読者が何を読むかはその人のプライバシーに属することであり、図書館は、利用者の読書事実を外部に漏らさない。ただし、憲法35条にもとづく令状を確認した場合は例外とする」という項目を挿入しています³。

　この原則は図書館員の倫理規範にすぎませんが、多くの公立図書館は、こうした議論を踏まえ、「貸出履歴」は図書・資料の返却時に消去することを慣例にしていますし、ホームページ等でそれを明示している図書館もしばしば見られます⁴。

　これらの点を踏まえれば、図書館員による倫理規範の遵守を暗黙の前提に、「貸出履歴」を図書館の利用者番号と紐付けて保管し、図書館カードは、それと引き換えに図書館サービスの利用資格の付与を証明するという機能をもつといえます。それに対し、マイナンバーカードはといえば、図書館サービスの一連のプロセスのなかでは、登録時と貸出時における本人確認が主要な機能となり、それにより利用者番号の信頼度を担保するところに固有の意義をもつことになります。そのことは、マイナンバーカードを利用することになっても、貸出を含む図書館サービスに必要な個人情報は依然として図書館が取得・保管し、その情報の登録（＝利用者番号の付番）もこれまでどおり図書館が行い、

2　日本図書館協会「知る自由を保障するための図書館の任務に関する声明」1979年5月30日。なお、この声明では、具体的な事件として「発行所から寄贈図書の回収を要求されたり、あるいは警察から利用事実の報告を求められたり、あるいは問題のある資料の提供について図書館の責任が問われるなどの事件が、相次いで発生し」たと説明している。

3　宣言の改正を受けて、1980年6月4日には「図書館員の倫理綱領」が決議され、そこに「図書館員は利用者の秘密を漏らさない」という原則が示され、「図書館員は、国民の読書の自由を保障するために、資料や施設の提供を通じて知りえた利用者の個人名や資料名等をさまざまな圧力や干渉に屈して明らかにしたり、または不注意に漏らすなど、利用者のプライバシーを侵す行為をしてはならない。このことは、図書館活動に従事するすべての人びとに課せられた責務である」と記している。

4　日本図書館協会は、1984年5月25日の総会決議として「貸出業務へのコンピュータ導入に伴う個人情報の保護に関する基準」を採択し、そこに「貸出記録は、資料が返却されたらできるだけすみやかに消去しなければならない」という基準を示している。

さらに貸出以外のサービスを念頭におけば、その利用資格を利用者番号で証明する図書館カードも必要になることを意味します。

したがって、マイナンバーカードの利用にあたっては、それによる本人確認と図書館の利用者番号をいかにして紐付けるかがポイントになります。以下では、そのために用いられる方式を紹介し、そこに含まれる問題を探っていくことにします。

2　マイナンバーカードによる図書館利用の方式

マイナンバーカードによる本人確認の方法には、券面事項による対面での身元確認もありますが、より重要なのは、IC チップ搭載のアプリを利用して行うものです。IC チップには券面事項確認アプリや公的個人認証アプリ等が組み込まれており、さらに空き領域に地方公共団体情報システム機構（以下、J-LIS）が無償で配布するマイナンバーカード・アプリケーション（以下、カード AP）をインストールすることもできます。そして、このカードを図書館カードとして利用するために、こうした本人確認の方法に基づき、次の三つの方式が置かれています[5]。大まかにみていくことにします。

(1)　カード AP 方式

これは、IC チップの空き領域（地域住民向け領域）に図書館用の機能をもつカード AP をインストールする方式です。

市区町村の役所は J-LIS からカード AP と AP 利用者 ID をダウンロードし、窓口に出向いた利用者のマイナンバーカードにそれを書き込みます。その後、役所は AP 利用者 ID を図書館システムの利用者情報に登録することで、この利用者の AP 利用者 ID と図書館の利用者

5　これらの方式については、図書館問題研究会全国委員会「『マイナンバーカード』を図書館カードとして使用することについて慎重な検討を求めるアピール」（2017 年 3 月 6 日）が、先駆的に議論している（https://tomonken.org/statement/mynumbercard/）。本稿の議論は、このアピールに拠るところが大きい。

番号を紐付けます。

　利用者は、図書館の窓口でマイナンバーカードをカードリーダーにかざせば、AP 利用者 ID を介して本人確認ができ、従来の図書館カードと同様に、図書・資料の貸出サービスを受けられます。

　この方式では、登録時にせよ貸出時にせよ利用者が外部と通信する必要がありませんから、ネットワーク上の個人情報漏洩のリスクは低いといえます。また、マイナンバーカードの暗証番号の入力の手間もありませんので、利用する上では簡便な方式といえます。

　しかし、紐付けられた AP 利用者 ID は図書館システムで管理しますので、図書館の負担は重く、また管理上の安全リスクも高くなります。また、利用者もカード AP 等を搭載するために来庁の必要がありますし、役所の窓口も一枚ずつ手動でカード AP 等のインストールや紐付け作業をしなくてはなりません。

　さらに、IC チップの空き領域を利用するこの方式は、「行政手続における特定の個人を識別するための番号の利用等に関する法律」（以下、「番号法」）の定めに基づくもので、図書館カードとしての利用は、市区町村が「地域住民の利便性の向上に資するものとして条例で定める事務」（18 条 1 項）に該当し、自治体は利用に先立ち条例の策定が必要になります。

　新潟県の三条市立図書館がこの方式をいち早く採用しています。以前から図書・資料の貸出を含む住基カードの多目的利用を実施していたためといわれますが、市民、図書館、役所、議会それぞれの負担を考慮してか、この方式を採る公立図書館は多くはないようです。

　⑵　公的個人認証（JPKI）方式

　これは、IC チップに搭載された公的個人認証アプリを利用する方式で、「電子署名等に係る地方公共団体情報システム機構の認証業務に関する法律」（以下、「公的個人認証法」）に基づいて運用されています。

　マイナンバーカード保有者は、市区町村長を経由して J–LIS に対し二種類の電子証明書を申請することができます。ここで利用するのは、利用者証明用電子証明書です。それを入手した利用者は、その電子証明書が公的個人認証アプリに格納されたマイナンバーカードを、図書館窓口のカードリーダーにかざし暗証番号を入力します。すると、利用者証明用電子証明書に記載された発行番号（シリアル番号）が、J–LISの地方認証プラットフォームに送信され、電子証明書の有効性が確認されます。有効性の回答は図書館に送信されて本人確認ができ、それを受けた図書館は、図書館システム内で電子証明書の発行番号と図書館の利用者番号を紐付け、登録が完了します。

　利用者はマイナンバーカードにより図書・資料の貸出サービスを利用できますが、その際においても、登録時と同様、暗証番号の入力が求められるとされてきました。[6]しかし、2023 年 6 月に「公的個人認証法」が改正され、最初に精度の高い本人確認を行えば、二回目以降は暗証番号を入力しない簡便な本人確認も可能とされています（38 条の 4 の新設）。[7]

　この方式では、「カード AP 方式」にあった役所窓口での手続や条例制定といった負担は免れますが、公的個人認証サービスを受けるために外部通信する必要があり、それだけでネットワーク上のセキュリティにかかるリスクが高まりますし、また、図書館システム内に電子証明書の発行番号を管理するため、データ管理上の安全リスクも高まります。

　6　この方式を最初に採用した兵庫県の姫路市立図書館では、2016 年 11 月にマイナンバーカードによる図書館利用を開始した際には、図書・資料の貸出時において、電子証明書の有効性確認ではなく券面での利用者確認を行っていたが、翌年 10 月に図書自動貸出機を導入すると、それにあわせて、窓口での貸出でも有効性確認を行うようになった。FUJITSU 文教ソリューション「マイナンバーカードによる図書館利用で住民の利便性向上全国初の図書自動貸出機対応、複数自治体共通利用を実現」（https://www.fujitsu.com/jp/imagesgig5/lib-city-himeji.pdf）参照。

　7　ただし、このような緩和を行えば、「なりすまし」のリスクは高まるともいわれる。宇賀克也「マイナンバー法等の改正」『行政法研究』第 52 号、2023 年 10 月、62-63 頁、参照。

⑶　マイキー ID 方式

　これは、各人が利用者証明用電子証明書を用いて作成するマイキー ID を利用する方式です。

　マイナンバーカード保有者は、スマホ、パソコン又は専用端末で、デジタル庁が管理するマイキープラットフォームにアクセスし、利用者証明用電子証明書の発行番号に紐付いたマイキー ID を取得することができます。その ID は、マイナンバーカードの IC チップの空き領域に書き込まれ、同時にマイキープラットフォームにその保有者のマイキー ID 管理テーブルが置かれます。この方式はマイナポイントに用いられましたので、既にマイキー ID を取得した人は多いと思われます。

　図書館カードの代わりにマイナンバーカードを使うためには、これら二枚のカードを図書館に持参し窓口で手続を行います。その際、図書館は利用者のマイキー ID 管理テーブルに図書館の利用者番号を登録し、そこで両者が紐付けられることになります。

　その後、利用者は暗証番号を入力することなくマイナンバーカードをカードリーダーにかざすと、図書館に、マイキー ID 管理テーブルからマイキー ID と紐付いた図書館の利用者番号が示され、それで本人確認ができ、貸出サービスが提供されることになります。

　利用者は、マイキー ID を取得すれば、あとの手間はほぼかかりませんし、データはマイキープラットフォームで管理されますので、図書館の負担も大きくありません。しかし、この方式の最大の問題点は、マイキープラットフォームの運用の在り方にあります。

　この方式は、もともと、「ワンカード化」よりも、むしろ地域の商店やオンラインショップ等での利用を踏まえた「地域活性化戦略」の一環として設計されました。[8] そのため、IC チップの公的個人認証と空

8　総務省マイキープラットフォームによる地域活性化方策検討会「中間報告（案）一地域活性

き領域である「マイキー部分」を、「国民の利便性の向上に資するものとして内閣総理大臣及び総務大臣が定める事務を処理する民間事業者」も利用できるとし（「公的個人認証法」18条2項、同施行令18条4項）、民間参入を積極的に推進しています。ところが、そこで用いるマイキープラットフォームについては、法律、条例等の法的根拠が一切なく、その運用は専らデジタル庁の裁量に委ねられているのです。デジタル庁は2022年6月に「マイキープラットフォーム利用規約」を策定していますが、マイキーID管理テーブルにどのような情報を紐付けるかなど基本となる運用方法については規定がありません[9]。

　デジタル庁はこの方式を積極的に推進しており、そのため、これを採用する自治体も増えていますが、機微情報を扱う図書館の立場からすれば、一つのマイキーID管理テーブルを様々な民間事業者と共有するこの方式は、個人情報管理の安全リスクはきわめて高いと言わざるを得ません。

3　マイナンバーカードによる本人確認の意味

　さて、マイナンバーカードによる図書館利用の方式を概観してきました。三者に共通するのは、いうまでもなく、マイナンバーカードに格納された一意の情報が図書館の利用者番号と紐付いて本人確認が行われる点です。むろん、そこにマイナンバーや個人情報が登場することはありませんが、「公的個人認証（JPKI）方式」や「マイキーID方式」で用いられる電子証明書の発行番号は、一定の個人識別性を持ち

化戦略―」2016年4月28日（https://www.soumu.go.jp/main_content/000417607.pdf）、参照。
9　「マイキープラットフォーム構想」を検討する際、ここに「図書の貸出し履歴や物品の購入履歴等の情報は保有できないこと」という留意点を示してはいるが（同上、参照）、それが法律等に明文化されているわけではない。なお、総務省の「マイナポイント」のウェブサイトには、「マイキープラットフォーム個人情報保護方針」があがっており、「取得する情報の範囲」や「利用目的」が示されている。しかし、この「方針」には、作成者や作成日等すら明示されておらず、法的拘束力をもつとは思われない（https://id.mykey.soumu.go.jp/mnp-web/html/MKCCS030.html）。

うるものです。[10]

　その一方で、図書館の利用者番号は、もともと、こうした個人識別性を嫌う性格を持ちます。利用者番号が図書館システム内で繋がる「貸出履歴」は、利用者の管理ではなく、図書・資料の適正な管理・保存を目的にしており、それゆえ、利用者のプライバシーを保護するために、利用者番号の付番は図書館が独自で行うこととされ、個人を明確に識別する「住民基本台帳等の番号」を利用することは厳に慎まれてきた経緯があるからです。[11]この議論が現れたのは貸出業務の機械化が進行した 1980 年代半ばですが、図書館の利用者番号であれ「貸出履歴」であれ、今もその性格を変えていないとすれば、少しでも個人識別性をもつ情報をそれらに近づけることは避けるべきでしょう。

　実際、マイナンバーカードに関わる紐付けミス等の個人情報漏洩インシデントの多さをみるにつけ、[12]電子証明書の発行番号やそれと結びついたマイキー ID を利用者番号と紐付けて本人確認を行う方式は危険であり、「貸出履歴」を保護する観点からあらためて見直す必要があると思われます。

10　発行番号は、個々の証明書を識別する一意の番号で、電子証明書の更新や再発行の際には、この番号も変更される。そのため、発行番号は、マイナンバーのような「特定個人情報」(「番号法」)の扱いを受けない。しかし、利用者証明用電子証明書の二重発行は禁止され一人１通と定められていること(「公的個人認証法」25 条)、マイナンバーカードの健康保険証利用においてこの証明書が利用とされ、近い将来すべての国民がこの証明書を利用するようになること、電子証明書の有効期限が比較的長期間となる５年であることを勘案すると、この発行番号が事実上の個人識別番号になると考えることもできる。

11　前掲註 4 にあげた資料参照。

12　2023 年 6 月 9 日提出の個人情報保護委員会「令和 4 年度年次報告」によれば、マイナンバーに関連する個人情報の漏洩や紛失は 2022 年度で 171 件あり、そのうち、1 度に 100 人を越える情報を紛失する等の「重大な事態」は 36 件と前年度の 4 倍増で、うち 35 件は民間事業者によるものだった。また、2023 年 9 月 20 日には、個人情報保護委員会はデジタル庁に対し行政指導を行い、「デジタル庁の保有する特定個人情報及び保有個人情報の漏えいであるとの意識が欠如していた」と指摘している。

おわりに

　前述のとおり、公立図書館の多くは、「貸出履歴」に対して、今もなお慎重な態度を崩していません。しかし、「貸出履歴」の利活用を促す動きは年々活発化しており、図書館システムの中でこれを厳重に管理するだけでは済まなくなりつつあります。

　例えば、利用者が専用の機械を使って自分が借りた本をノートに印字する「読書通帳」サービスや、図書館のウェブサイトに個々の利用者のページを設け、そこに借りた本や気になる本を書き込むサービスが拡がっています。利用者の要望の多いといわれるこれらのサービスには、「貸出履歴」のデータが利用されますし、図書館の方でも、「貸出履歴」のデータを匿名加工して分析し、購入図書を選定したり、利用者への図書の推薦サービスを行っています。これらは、「貸出履歴」の資源的価値が高まっていることを表すものといえます。

　他方、捜査機関が、裁判官による捜査差押令状の発付を受けることなく、「捜査関係事項照会」で公立図書館に「貸出履歴」の提出を求め、それに応じた事例が増えつつあります[13]。こちらは、利用者の思想・信条を調査するために、権力が「貸出履歴」という個人の私的領域（プライバシー）に侵襲した事例だけに、最近の「戦争する国」づくりの高まりを念頭におけば、思想・信条の自由に対するさらなる危険性を感じないわけにはいきません。

　そして、こうした動きがなし崩し的に拡がれば、「貸出履歴」が本来もっていた人権的価値は瞬く間に掘り崩され、そこにマイナンバーカードの利用による「貸出履歴」の秘匿性の希薄化が加われば、いつし

13　「公共図書館、利用情報の扱いは捜査機関に令状なしで提供、思想の自由脅かす懸念」2021年5月25日付『朝日新聞』、参照。日本図書館協会の調査では、1995年に「照会」を受けた図書館のうち情報提供を行った図書館は1割程度だったのが、2011年には192館が「照会」を受け、その6割が提供したという。また、2020年に札幌弁護士会が行った札幌市とその周辺の図書館を対象に行った調査では、回答した43館のうち10館が「照会」を受け、5館が情報提供を行ったことがわかったとされている。

か、「知る自由を保障するための図書館」という姿は大きく変わらざる
を得なくなります。日本図書館協会は、2019 年、「デジタルネットワー
ク環境における図書館利用のプライバシー保護ガイドライン」を公
表し、あらためて利用者のプライバシーを保護することは「図書館に
従事するすべての人びとに課せられた責務」であるとする視点から個
人情報の収集に係る原則を確認しています。地方自治体は、図書館の
実情を考慮しない国の乱暴な施策に安易にのるのではなく、あくまで
住民の人権を守る立場に立ち、次世代のあるべき図書館を構想すべき
ではないでしょうか。

5　吉備中央町の「デジタル田園健康特区」構想

森脇ひさき

はじめに

　岡山県吉備中央町は 2004 年、上房郡賀陽町と御津郡加茂川町の合併により誕生しました。岡山市の北西部に隣接し、県のほぼ中央の山間部に位置する人口約 1 万人の町です。

　旧賀陽町と旧加茂川町にまたがる町のほぼ中心部では 1973 年、吉備高原新都市開発として人口 7000 人を目標にした住宅開発が行われました。しかし、予定したように住宅用地が売れず、現在も空地が目立ち、その人口も 2000 人程度にとどまっています。

　町の主な産業は農業で、米、果物（桃、ぶどう、ブルーベリーなど）、野菜、花に加え、畜産や酪農も営まれています。

1　吉備中央町のデジタル田園健康特区

　2022 年、デジタル技術の活用によって、人口減少、少子高齢化など地域の課題を解決する先駆モデルを目指す「デジタル田園健康特区」に、岡山県吉備中央町、長野県茅野市、石川県加賀市が選定されました。

　吉備中央町で認められた特区の内容は、「救急救命士の役割・権限の拡大」で、救急患者の搬送中に、①患者情報の収集、②医療機関への発信、③エコー検査と情報の電送を可能にするとともに、医療機関到着後、入院が決まるまでの間に救急処置をおこなうことができるとされています。

　デジタル田園健康特区の指定を受けたことに対し、町長は「デジタル技術の活用によって、地域における健康・医療などに関する課題の解

決に重点的に取り組み、町民の皆さんの未来に『安心して暮らせる新たな希望』をもたらすとともに、吉備中央町が進めるプロジェクトが全国の中山間地域、また、多くの過疎地域の先進的モデルとして、大きな役割を果たすよう努力してまいります」と語っています（2022年3月22日、吉備中央町ホームページより）。

　町民向けには終始バラ色に描かれているデジタル田園健康特区構想です。まだ始まったばかりですが、とりくみ状況などをみていきます。

2　吉備中央町で3つのプロジェクト

　吉備中央町では、特区とデジタル技術を活用し、3つのプロジェクトがとりくまれています。(1)交通DX実装プロジェクト（以下、交通DX）、(2)鳥獣対策DX実装プロジェクト（以下、鳥獣対策DX）、(3)誰一人取り残さないエンゲージメント・コミュニティの創生（以下、エンゲージメント・コミュニティ創成）です。交通DXと鳥獣対策DXに対する国の交付金は、TYPE1（他地域ですでに確立されている優れたモデルやサービスを取り入れるとりくみ）で、補助率1／2、上限2億円です。エンゲージメント・コミュニティ創成に対しては、TYPE3（オープンなデータ連携基盤を活用する新たなモデルとなりうるとりくみで、マイナンバーカード高度利用型）で、補助率2／3、上限6億円です。

　交通DXは、町内を巡回する「へそ8バス」、デマンド型タクシーと、これらの空白地域を新しく導入したマイクロEV（電動車いす）でカバーする交通デジタル・ネットワーク（MaaS）を構築し、住民の移動を支援するとりくみです。

　鳥獣対策DXは、わな監視装置、ドローンを活用し、鳥獣の生息、被害、捕獲情報をクラウド上で監視することにより、鳥獣被害対策の負

1　へそ8バス：町内の幹線道路を8の字に巡回するコミュニティバス。吉備中央町が岡山県のほぼ中央に位置していることから「へそ」の愛称が付けられている。

担軽減に役立てるとりくみです。

　エンゲージメント・コミュニティ創生（**図表5-1**）では、特区を活用した救急車内でのエコー装置による遠隔的な情報収集・伝送に加え、救急搬送中にマイナンバーカードを利用し傷病者の病歴等に係る情報（特定検診、医療機関、服薬情報など）を入手し、診療の効率化をはかるとりくみが行われます（**図表5-2**）。中山間地に位置する吉備中央町には救急搬送の受入れ可能な医療機関がなく、傷病者は長時間かけて岡山市などの医療機関に搬送されます。この搬送中に傷病者のマイナンバーカードを利用して個人を特定、データ連係基盤を介して既往症や服薬などの情報を取得し、搬送先の医療機関でのスムーズな診療につなげる仕組みです。

　「ウィラバアプリ」[2]の活用、学校での健康診断データの収集、予防歯科など、医療と健康に関するとりくみも行われます。さらに、住民の生活上の困難解決、各種相談に対応する「きびコンシェルジュコールセンター」を構築し、住民用の「きびアプリ」[3]を通じて相談を受け付け、地域の企業や住民による登録制の「なんでもサポーターズ」がその解決にあたるとりくみも行われます。

　各プロジェクトでとりくむ事業は、デジタル田園都市推進協議会（以下、推進協議会）が企画立案します。事業の実施主体は有限責任事業組合吉備中央町インクルーシブスクエア（以下、事業組合）で、2022年8月4日、公募型プロポーザルにより決定し、8月8日に設立されました。事業組合に参画する事業者は、㈱十字屋（吉備中央町）、バーズ・ビュー㈱（東京都文京区）、そなえ㈱（岡山市）、㈱センシング（東

2　ウィラバアプリ：母子健康手帳のページをスマホ写真で撮影することにより自動でデジタル化するアプリ。子ども・家族の日常生活や思い出も保存可能。子育て支援のイベント、一時あずかりのネット予約、医師・助産師による遠隔指導にも利用できる。

3　きびアプリ：生活支援サービスの依頼や健康管理などができるスマホ向けのポータルサイト。2023年3月から運用されている。

図表5-1　エンゲージメント・コミュニティ

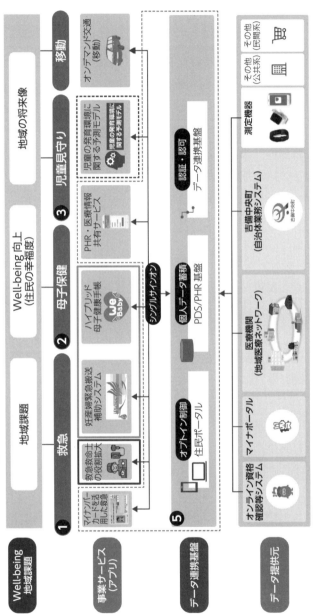

（出所：吉備中央町デジタル田園都市推進協議会資料）

図表5-2 救急搬送におけるマイナンバーカードの利用

サービス名	救急搬送におけるマイナンバーカードの利用		事業費	35,200 千円
サービス内容			現状	2023 年度

③傷病者に関する情報の共有
　取得した傷病者の情報を iPicss で搬送先医療機関の医療者や搬送する救急隊などに参照可能とする。

マイナンバーカードを利用した傷病者の個人特定、関連情報の取得

吉備健康カルテ

データ連携基盤

読取った情報から個人を特定　　特定された傷病者の関連情報を連携

救命士がスマホアプリで、マイナンバーカード読取り	救急搬送関係者に情報共有 搬送先医療機関　救急隊	マイナンバーカードで個人を特定し、救急関連データを登録	ウィラバアプリから母子に関するデータ登録
iPicss		きびコンシェルジュサービス	ウィラバアプリ

（出所：デジタル田園都市国家構想交付金の交付対象事業）

京都港区）、岡山トヨタ自動車㈱（岡山市）、㈱システムズナカシマ（岡山市）、㈱ツバメ・イータイム（山口県岩国市）で、11月から吉備中央町も参画しました。

3　気になる点や問題と感じること

　昨年秋、日名義人町議とともに町役場の担当者と話をしました。そのなかで気になった点や問題と感じた点を以下にまとめます。

(1)　情報の収集と承諾

　エンゲージメント・コミュニティ創生では、妊娠時からの生育、健康、病歴、生活に関する個人情報がデータ連携基盤に集積され、救急搬送時や医療機関で利用されます。「救急搬送中にマイナンバーカードを用いて必要な情報を収集し、医療機関に送ることでスムーズな治療につなげる」ことがメリットとされています。

　しかし、「すばらしい！」と手放しで喜べない面もあります。蓄積された個人情報の利用は診療時だけなのか、関係する企業が営利のために利用する可能性があるのかないのか、企業が利用する場合の規制が設けられているのかなど、気になるところです。母子手帳をデジタル化したデータについても同様です。

　マイナンバーカードの医療以外の活用については、「政府の動向等をふまえて随時拡張する」とのことでした。収集する情報については、「施策の項目ごとに各人が承認する仕組みがある」とのことでしたが、マイナンバーカードに関するトラブルが後を絶たないなか、ますます不安が大きくなるのは私だけでしょうか。

⑵　利用範囲と漏洩防止対策

　データ連携基盤は富士通が管理し、「事業者が扱う個人情報は、事業に必要な情報だけ」とのことでした。町としての漏洩防止対策や監視のしくみをうかがったところ、「国の基準があると聞いている」「国以上に厳しいものを（町では）考えられない」とのことでした。

　どのような情報がどのように利用されるのか、住民がチェックできるのか、これらも不明確なままです。個人の人権にかかわる個人情報を他人が利用することについて、本人もチェックできない、行政の十分な監視もない、すべて企業まかせとなれば、本当に大問題といわなければなりません。

⑶　利用できない人への対応など

　何らかの事情で利用できない人や利用したくない人への対応についても、うかがいました。「利便性を広報し、多くの人に使ってもらえるようにしたい」とのことでした。たとえば認知症や障害などのために、デジタル端末を扱えない方がいます。行政サービスはすべての住民に平等に提供されなければならないはずです。利用したくない人もいるかもしれません。そういう人々もサービスから排除されることのない

ようにする必要があると思います。

　各種サービスの利用料については「未定」とのことでした。利用料を求める場合には、低所得の方々等への配慮も必要だと思います。

⑷　住民同士の「助け合い」

　地域で何でも話し合え、困った時はお互いに助け合えるというのは決して悪いことではありません。しかし、対応してくれるところが行政であれば相談できる内容でも、住民組織が対応するとなれば相談し難い場合があるかもしれません。住民同士の監視につながる危険もあります。この面での検討も必要だと思いました。

　いま、行政の多くの分野で「アウトソーシング」が強まっています。行政が本来行うべき業務まで住民組織に委ねられ、行政の役割・責任が縮小されることになれば、これまた大問題です。住民が行政を監視する仕組みが必要です。

⑸　公正な価格の保障

　委託契約や物品購入にあたっての入札については、「事業組合は、プロポーザル方式で決定され、想定している事業を行うことができる企業が参加しているので、個々の事業で入札は必要ない」とのことでした。つまり、事業組合に発注された事業は、基本的に事業組合に参画する企業が行うことになります。

　物品購入も同様です。「700万円以上の物品は町有財産となり、議会での承認が必要」といわれましたが、高額な事業にも関わらず、随意契約のような形で特定の企業に発注されるというのは、いかがなものでしょうか。公正な価格での契約が保障できるのか問題です。

⑹　住民サービスが企業の力量で決まる

　多くの事業が限定された企業への発注になれば、様々な住民サービスが、関係する企業の構想力、能力等によって規定されることになります。高かろう、悪かろうとなれば、住民にとって大きな損失です。

4　町議会の議論から

　町議会でも、数人の議員から実態にそった問題が指摘されています。

⑴　携帯電話がつながりにくい

　2022 年 9 月議会では、携帯電話不感地域の解消、フリー Wi-Fi など通信環境の改善を求める質問がありました。岡山市内から吉備中央町の人に携帯電話を掛けると、相手の方の居場所によっては度々電話が切れてスムーズな通話ができないことが、今もよくあります。町長は「国や携帯業者に通信環境の整備促進へ働きかけを強める」と答弁していますが、未だにこのような問題も残されています。

⑵　ネット活用はまだ少数

　「きびアプリ」の導入について、町は、2025 年度に人口の半数（5250人）の登録を目標としています。この実績を問う質問に、担当課長は「6 月 9 日時点の登録者は 170 人」と答えています（23 年 6 月議会）。デマンドタクシーのネット予約については、「2 月から 5 月までの予約は233 件のうち、ネット予約は 2 件。あとは電話予約」とのことでした（同議会）。

　ネット活用はまだ少数で、使えない人への対応もふくめ、町は今年の夏、集落ごとに「きびアプリ」の操作説明会をおこないました。

⑶　怖くて乗れない「マイクロ EV」

　交通 DX のため、新しくマイクロ EV が導入されて 6 ヵ月が経過しました。その利用実績を問う質問に、担当課長は「開始当初に 1 件の貸し出しがあった」と答弁しました（23 年 6 月議会）。ある住民の方に「1 件だけとは、なぜ？」と尋ねたところ、「怖くて乗れない」といわれました。高齢の方が多く利用されているシニアカーは前にハンドルがありますが、このマイクロ EV は手すりの部分に操縦レバーがあるだけです。自宅前には必ず急な坂がある山間部の集落では、「急な坂は怖くてくだれない」というわけです。「登り坂ではパワーがな

い」との声も聞きました。

　マイクロ EV を納入したのは山口県の企業で、町の地理的条件など
をどこまで承知していたのか、事業主体である推進協議会がどう認識
していたのかが問題だと思います。

⑷　高額な「ウィラバアプリ」開発費

　2022 年 3 月議会では、母子手帳をデジタル化する「ウィラバアプ
リ」の入札に関する質問がありました。「応札は 1 社で、落札価格は
935 万円。全国でシェアをもつ M 社の 35 倍以上」と議員が問題を指
摘しています。担当課長は「町の示した機能のためにはある程度の経
費が必要」と答弁していますが、町内では「事業組合に参加する企業
の言い値だったのではないか」といわれています。

⑸　議会のチェック機能が果たせない

　町議会での議論が推進協議会や事業組合にどう反映されるかとの質
問（2022 年 12 月議会）に、「町議会には事業の進捗を丁寧に説明する」、
「事業組合に町議会の統制（審議や議決）が直接及ぶことはない」と答
弁しています。これには驚きました。

　町議会デジタル化特別委員会（23 年 9 月 1 日）に提出された資料を
もとに、プロジェクトごと、科目ごとに 2022 年度の支出金額をまとめ
てみました（図表 5-3）。

　交通 DX の支出総額 6050 万円のうち、人件費と物品費で 9 割を占め、
鳥獣対策 DX は支出 5414 万円のうち、同じく人件費と物品費 8 割、エ
ンゲージメント・コミュニティ創成は支出 3 億 6787 万円のうち、人件
費と委託費で 9 割を占めています。個別事業をみると 1000 万円を超え
る人件費や委託費が幾つもあります。これらが適正なのかどうか議会
がチェックするのは当然ではないでしょうか。

　ところが日名町議によると、金額の根拠は示されず、それを追及し
た 23 年 9 月議会の質問に町長は「必要な金額を分配した」と答弁。

図表 5 - 3　デジタル健康特区 2022 年度事業実績

交通 DX 実装プロジェクト

科目	金額（円）	構成比	主な事業と費用（円）	
人件費	40,870,000	0.676	交通 DX 企画・推進コンサル	1500 万
			交通状況のデジタル化	736 万
			交通システムデジタル化	795 万
			交通事業者の導入支援	600 万
物品費	16,610,000	0.275	サイネージ機器 3 台	418 万
			マイクロ EV 10 台	520 万
			3 輪マイクロ EV 1 台	446 万
利用料	1,876,000	0.031	オンデマンド交通クラウド利用料	150 万
委託費	1,000,000	0.017	マイクロ EV 等運用リスクアセスメント	100 万
印刷費	140,000	0.002		
通信費	4,000	0.000		
計	60,500,000	1.000		

鳥獣対策 DX 実装プロジェクト

科目	金額（円）	構成比	主な事業と費用（円）	
人件費	33,361,600	0.616	鳥獣対策 DX クラウド導入	1048 万
			鳥獣対策 DX 企画・推進コンサル	1309 万
			鳥獣被害実態調査	375 万
			鳥獣クラウド連携	165 万
			わな監視装置設置・指導	121 万
物品費	10,705,000	0.198	赤外線カメラ付ドローン 2 機	473 万
			わな監視装置親機 6 機	220 万
			わな監視装置子機 50 機	247 万
利用料	3,756,000	0.069	クラウドサービス利用料	375 万
交通費	2,200,000	0.041	出張旅費・交通費	220 万
講習費	2,100,000	0.039	猟友会ドローン講習	210 万
委託費	1,860,000	0.034	ドローン運用支援	170 万
通信費	158,400	0.003		
計	54,141,000	1.000		

誰一人取り残さないエンゲージメント・コミュニティの創生

科目	金額（円）	構成比	主な事業と費用（円）	
人件費	226,439,000	0.616	救急車内情報収集システム開発	2090 万
			施設間救急搬送支援システム開発	715 万
			母子手帳デジタル化	2490 万
			データ連携基盤構築（ウィラバ、マイナ）	4840 万

			住民へのヒアリング・実態調査	2059 万
			遠隔リハビリ・遠隔デイサービス現状調査	638 万
			データ連携サービス（基本、住民向け）	4748 万
			オペレーションスタッフ	1721 万
委託費	135,447,566	0.368	救急車内情報収集システム開発	1067 万
			施設間救急搬送支援システム開発	1947 万
			サポーターマッチングシステム開発	990 万
			買い物注文用システム開発	1155 万
			インクルーシブ・スクエアシステム開発	4180 万
			PR 動画、イメージ CM 作成	1100 万
物品費	3,729,758	0.010	サービス運用機材調達	251 万
			窓口設立オフィス設備	264 万
宣伝費	2,255,000	0.006	拠点準備	225 万
計	367,871,324	1.000		

（出所：町議会デジタル化特別委員会の資料より筆者作成）

「『分配とはどういうことか』と何人もの議員が怒っている」とのことでした。

(6)　事業組合に参画する事業者が事業の大部分を受注

　特別委員会では、事業の大部分が事業組合に参画する企業が受注していることも明らかになりました。町内では、「補助金のために企業が群がっているようだ」との声も聞きました。実際、事業を企画・発注する推進協議会に参加している企業 7 社のうち 4 社が事業を実施する事業組合にも参画しています。

おわりに

　今回の調査を通じて感じたことを記し、まとめに代えます。

　1 つは、行政と事業に関わる企業の間ですでに「逆立ち」の状態が起こっているということです。計画を立案する推進協議会と事業を実施する事業組合がほぼ一体化し、関係する企業に有利な計画が実施される可能性があることは否定できません。事業費の積算根拠が示されないため、適正な価格なのかという疑問が残ります。「議会の審議や議

決が事業組合に及ぶことはない」との答弁もあり、議会制民主主義と
地方自治の根幹にかかわる大問題です。

　もう1つは、住民1人ひとりの個人の尊厳が守られる保障があるの
かという問題です。町は利便性を協調しサービスに誘導する、それを
通じて関係企業は収益を確保する仕組みになっています。収益優先で
住民が被害を受けたのではたまったものではありません。デジタル化
を口実に、行政サービスが縮小される懸念もあります。行政の仕事は
いうまでもなく「住民福祉の向上」です。個人の尊厳を守り、行政の
責務を果たす制度こそ必要です。

（参考文献）
・中山徹「スーパーシティによるデジタル化は市民と公共、企業の関係をどう
　作り変えるのか」『住民と自治』2021年5月号、自治体問題研究所、10頁
・岡田知弘ほか「デジタル化と地方自治」自治体研究社（2023年）
・「吉備中央町議会だより第66号」13頁（令和4年4月20日）
・「吉備中央町議会だより第68号」8頁（令和4年10月20日）
・「吉備中央町議会だより第69号」9頁（令和5年1月20日）
・「吉備中央町議会だより第71号」8頁（令和5年7月20日）

6　国が進める行政DX推進の実験自治体 となっている前橋市

長谷川薫

はじめに

　人口33万人の中核市であり群馬県の県庁所在地である前橋市は、人口減少・少子高齢化・中心市街地の衰退、農業危機など、全国の地方自治体と共通する課題を抱えています。それだけに、医療・介護の充実、行き届いた教育、中小企業や農業の支援など市民の暮らしや住民福祉の増進を優先する市政運営が切実に求められています。

　3期12年間、市政運営を続けている山本龍市長は大規模開発とともに行政のデジタル化を最優先課題に位置付けています。前橋市は、2年前に総務省官僚のO氏を副市長に任命し、市が設置者である公立大学法人・前橋工科大学理事長のF氏（アップル本社の元副社長）をアーキテクト（計画の統括者）に要請しました。両者が行政のDX推進の先導役となり、国の交付金獲得や最新のデジタル技術を使った行政のデジタル化やデジタルサービスの実装を強力に推進しています。

　前橋市は2021年に「前橋市DX推進計画」を策定し、行政のデジタル化や官民連携による民間ICT事業者が展開する各種事業の実装を推進しています。そのために、国がデジタル社会の基盤と位置付けたマイナンバーカードの普及拡大にも全力をあげてきました。

　しかし、その現状は、5Gを利用して市内の公道で市民を乗せて自動運転バス運行の実証実験を実施したり、高齢者等のタクシー運賃助成制度「マイタク」の利用をマイナンバーカード保有者に限定した運行を行うなど、市民の要望に応えるどころか、さながら内閣府やデジタル庁が進める民間企業によるDX施策の実験自治体となっています。

　前橋市議会では、ほとんどの会派・議員がこのような市民不在のデ

ジタル優先の市政運営に追随している状況があります。共産党前橋市議団では、「デジタル技術を市民の生活利便性向上のために活用することを否定はしないが、DX 推進基盤となるマイナンバーカードの取得の押し付けや市の責任で提供すべき行政サービスの多くを ICT 企業に丸投げすることは問題である。個人情報保護条例が形骸化されたことから、市が保有する個人情報を匿名加工して民間企業に提供することは認められない」という 2 点で論戦してきました。また、「生成 AI やロボティックスなどを活用した行政の DX 推進で、正規職員の削減や窓口サービスの後退は決してあってはならない」と指摘し続けています。

1　まえばし暮らしテック推進事業採択への経過

　前橋市は 2021 年 6 月と 10 月に、内閣府が全国の自治体に呼び掛けた官民連携のデジタル事業を国家戦略特区として推進する「スーパーシティ構想」に申請しました。申請にあたって、前橋市は、民間事業者の事業提案を広く公募し、AI・人工知能やビッグデータの活用などによる最新 ICT 技術を活用した事業を慎重に選択して内閣府に申請して事業採択をめざしたとされています。しかし、内閣府からは「大胆な規制緩和を目指した事業になっていない」と指摘され、この時には不採択となりました。

　国の交付金事業で行政のデジタル化を何としても推進したいと考える前橋市は、岸田政権が「新しい資本主義」の目玉政策として打ち出した「デジタル田園都市国家構想」に基づく推進交付事業である「暮らしテック事業（TYPE 3）」の採択に全力を挙げました。

　政府は、デジタル田園都市国家構想を「デジタル技術を活用して地方と都市の格差をなくし都市の活力と地方のゆとりの両立を享受できる社会の実現をめざすとともに、少子高齢化や過疎などの地方が抱え

る課題を解決し、地方の魅力を向上する目的で進めるもの」と説明しています。当時、市議団は、「実際には市民の暮らしの利便性の向上よりも行政が保有する大量の個人データの利活用を促進するためのデータ連携基盤の構築や民間 IT 企業主導の先端的なデジタル事業の地方での実装実験という側面が強い構想であり、全額国庫補助であっても安易に手を上げず、慎重であるべきだ」と事業推進に反対しました。

　その後、2022 年 4 月から 5 月、前橋市は全国の 6 都市の 1 つとしてデジタル田園都市国家構想推進交付金、7 億 4153 万円の採択を受けました。前橋市は、交付条件に沿ってデータ連携とデジタルを活用した地域課題を解決する取り組みの事業主体として、「まえばし暮らしテック推進事業コンソーシアム（14 民間事業者によって構成）」を立ち上げました。中心事業者は、アメリカの世界最大規模の会計事務所であるデロイトの日本における主要メンバー企業である㈱デロイトトーマツコンサルティング合同会社です。受け持つ事業は「データ連携基盤の構築」とマイナンバーカードとスマートフォンと顔認証で成立する電子個人認証制度の「めぶく ID」の構築と普及にあります。

　さらに、2022 年 10 月 6 日、コンソーシアムを発展させ、前橋市が中心的に資本を出資する官民連携会社「㈱めぶくグラウンド」を設立しました。この会社の役割は、データ連携基盤を担うとともに、官民が連携して推進する全体のデジタル事業の運営管理をすることにあります。

　デジタル田園都市国家構想の事業採択を受けて、市長は「ITC の利活用という点において、前橋は全国で圧倒的なナンバーワンになる」と胸を張っていますが、市民の期待感は薄く、事業への共感はほとんど寄せられていません。それは、「めぶく ID」への住民の参加状況を見れば推測されます。

2 ㈱めぶくグラウンドの事業内容と「めぶく ID」

(1) ㈱めぶくグラウンドの事業内容

　㈱デロイトトーマツが中心となって構築した電子個人認証 ID =「めぶく ID」（以前は「まえばし ID」と呼称）の発行は、2022 年 10 月 21 日から、まえばし暮らしテック推進事業として、民間事業者が提供する各種デジタルサービスを利用する市民へむけてスタートしました。

　暮らしテック推進事業の具体的な事業は、以下のとおりです

【先端的サービス】

①　コミュニティ共助学育

②　アレルギー情報の多角連携による寄り添うサービス

③　オールインワン母子手帳とデジタルソーシャルワーカーによる子育てサポート

④　シミュレーション運転データ活用による危険運転度合いの測定

⑤　デジタル共助ポイントによる文化・芸術・地域活性化

⑥　緑化・生態系の可視化による環境意識の醸成

⑦　電力データ活用イエナカ情報による地域見守り

【基盤系・その他サービス】

①　デジタル共助ポイント

②　パーソナライズ化されたスマホ版まえばしダッシュボード

③　対面遠隔デジタル窓口

④　データ連携基盤

⑤　めぶく ID

⑥　サイバーリスク評価

⑦　5G 基地局の設定

　先端的サービスを利用するためには、原則的に「めぶく ID」の取得が必要となりますが、市民の利用ニーズそのものが少ないこともあり、取得は前橋市民を中心に現在（2023 年 11 月）約 1000 人にとどまって

います。事業がスタートした 22 年度のサービスは全額国の交付金事業に位置付けられていたため、各事業の市民利用は無料でしたが、23 年度は一部有料となりました。

　ところが事業を推進した前橋市も㈱めぶくグラウンドも、各事業がどの程度市民に利活用されているかについては全く把握していません。そこには、先端事業であるため、IT 事業者が提供した先端的なデジタル事業の実績把握を行政としては評価も行わないという姿勢が示されています。

⑵　デジタル身分証明書＝めぶく ID とは

　前橋市および㈱めぶくグラウンドは、「めぶく ID」について、どこでも通用する身分証明書として、全国初の電子証明書・個人認証制度として完成させたと自画自賛しています。市当局は、「めぶく ID」自体に電子証明書が入っており、「めぶく ID」を付与するというのは、市民にデジタル上で使える身分証明書を発行することになると説明しています。

　具体的な登録と利用方法は**図表 6 − 1**の通りで、受診している病院において脳の MRI 情報や受けた手術情報を顔認証付きの「めぶく ID」という身分証明によって引き出すことができる、市役所で最新の介護認定通知書を引き出せる、金融機関においては「めぶく ID」で本人確認ができるというもので、あらゆる場面で通用する身分証明書「めぶく ID」でデータを引き出せる仕組みだと説明しています。

　前橋市は、政府が国家戦略として進めている行政の DX 推進とデジタル田園都市国家構想を市政の最優先課題と位置づけ、国のマイナンバーカード普及促進施策に追随してあらゆる施策の柱と位置づけています。市長が「官民連携による様々なサービスが㈱めぶくグラウンドが構築したデータ連携基盤の上で展開されることによって、市民の利便性の向上だけでなく、地域全体の魅力の向上が図られる」と説明し

図表6-1　「めぶくID」の仕組みと特徴

めぶく ID の特徴

　安心・安全なデジタル ID とデータ管理

　めぶく ID は、マイナンバーカードによる本人確認を実施したうえで、スマートフォン上に実装されるデジタル ID です。

　これは、国の認定を受けた電子署名法の認定証明書を備えた信頼性の高い ID となっています。

めぶく ID の仕組み

マイナンバーカードを
使用した本人確認

国が定める認定電子認証局
による電子証明書の発行

■利用者が自身のデータをどんな事業者・サービスに提供するか選択することができる自己主権型のデータ管理モデルを採用します。

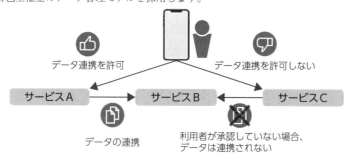

データ連携を許可

データ連携を許可しない

サービスA　　　　　サービスB　　　　　サービスC

データの連携

利用者が承認していない場合、
データは連携されない

　より便利でいきいきした暮らしを実現

■信頼性の高いめぶく ID を活用することで、利用者は複数のサービスに簡単にログインすることが可能となり、これまでのように、毎回各サービスごとに ID やパスワードを入力する必要がなくなります。

アプリ起動　　　　めぶく ID でログイン　　　サービス利用

■めぶく ID を活用して先端的サービスとデータを連携させることで、利用者一人ひとりに個別最適化された新しい価値を提供することが可能となります。

（出所：前橋市ホームページ https://www.city.maebashi.gunma.jp/soshiki/seisaku/mirainomesozo/gyomu/6/35547.html）

ているように、前橋市は国が進める自治体行政DX推進の実験自治体
となっています。

　さらに、㈱めぶくグラウンドは、「めぶくID」の発行権を全国の自
治体などに売り込もうとしています。

3　㈱めぶくグラウンド事業をめぐる問題点

⑴　「行政の公平性」を放棄し、地方自治の後退を招きかねない

　こうした前橋市と㈱めぶくグラウンドが進める事業の何が問題とな
るのでしょうか。

　まず、㈱めぶくグラウンドが行う住民サービスは、行政がチェック
しないまま民間事業者が独自にサービス内容を決め有料で提供すると
いう点に大きな問題があります。この仕組みでは、行政の責任を放棄
することになり、地方自治の衰退を招くことになります。また、議会
が市行政を監視し、サービス内容に住民の意思を反映しつつ高めてい
くという議会の役割も弱めることになります。

　前橋市では、全国の自治体で行われているマイナンバーカード取得
窓口の設置や取得者へのマイナポイント付与に加え、市独自にマイナ
ンバーカードと連携する事業として、高齢者などのタクシー運賃助成
制度「マイタク」の利用をカード保有者に限定、公共交通などの乗換
案内アプリ「MaeMaaS」や貸自転車ノルベの登録者に対する利用料
金割引や市民認証割引の導入、市税を投入して利用者にポイント還元
する電子地域通貨事業・めぶくPayなどを実施しています。これらは、
「めぶくID」取得やマイナンバーカードとスマホ使用を前提にしたサ
ービスです。

　今年（23年）12月20日からサービスが開始される電子地域通貨「め
ぶくPay」事業は、他の導入自治体の一部で実施しているスマホによ
る電子決済と銀行口座などからチャージできる専用カードの2方式で

はなく、電子決済だけの１方式となります。

　党市議団が「デジタルデバイド対策を取らないのはなぜか、プレミアムを付与するのは市民の物価高騰救済策や地域の経済振興策ではないのか、１万人以上の事業参加を目指しているが、『めぶくID』の普及促進のための事業化では本末転倒だ」と指摘しても、市当局からはまともな答弁はありません。

　現在、前橋市民のマイナンバーカード保有率は80％（９月末）をこえており、すでにカードを取得していない多くの市民やスマホを持たない市民が各種市民サービス事業から除外され「行政の公平性」を侵害する事態が起きています。

⑵　個人情報漏洩の危惧

　マイナンバーカードとさまざま行政サービスを連携させる「めぶくID」をつかった事業において心配されるのが、個人情報が本当に守られるのか、という問題です。

　前橋市は、データ連携基盤でいろんな場所に対して１つの身分証明書で自分の情報を獲得できるが、逆に身分証明書を使えるのは自分自身なので、自身以外が情報を取得することはできない仕組みなので情報漏洩は起きないとも説明しています。

　しかし、個人情報保護の問題として、「めぶくID」は、重要な個人情報を本人だけの同意・判断で各種サービスを提供する民間IT事業者に提供するための身分証明書というツールであるだけに、提供した個人情報が営利を目的とする民間企業で利活用されるだけではなく、さらに本人同意なく連携する企業など外部へ流出しビッグデータに集積・利活用される危険は避けられないと考えられます。

⑶　自治体DXは究極の自治体民営化

　政府は、多くの国民の反対の声を無視して24年秋までに健康保険証を廃止しマイナ保険証に一本化しようとしています。さらに今後、公

金受取口座に続き、介護保険証や運転免許証までマイナンバーカード
に紐づけて、事実上のカード保有の義務化・市民カード化をめざして
います。

さらに国は、カードの保有率を地方交付税の算定やデジタル交付金
の申請、配分に反映させる方針を表明しています。自治体にカード取
得を競わせ、政府の思いどおりにならない自治体には制裁を加えるな
どは許されることではありません。

この間進められてきた新自由主義的な『コストカット経済』論や
『小さな政府』論に基づく『民でできるものは民へ』という民営化の施
策は、コロナ禍や物価高騰が続く中で、感染症対策など公衆衛生の弱
体化や地域経済の衰退などの多くの問題を生み、あらためて公共を取
り戻すべきという世論が高まっています。

それにもかかわらず、政府は、DX 推進のために必要な基盤と位置
付けたマイナンバーカードの保有促進によって、財界の要望に沿った
個人情報の利活用を拡大して民間企業のビジネスチャンスを拡大しよ
うとしています。

しかし、デジタル DX によって、行政の現場や公共サービスを営利
企業に任せれば、公共サービスの担い手は低賃金の非正規や派遣、民
間営利企業に置き換えられてしまいます。再び市職員による公共サー
ビスを取り戻すことは困難となり、結果として地方自治を衰退させる
ことにつながると考えられます。前橋市の DX 推進は、そのことに警
鐘を鳴らしています。

7 国家政策の地方展開に対する自治の課題

稲葉一将

はじめに

　本書は、従来存在する様々なカード類が、番号法（「行政手続における特定の個人を識別するための番号の利用等に関する法律」（2013年法律第27号））16条の2第1項が定める「申請」に基づき、発行されるマイナンバーカード（「個人番号カード」）に「一体化」する現象形態（本質的問題のあらわれかた）を素材にして、その問題点を検討してきました。

　第Ⅰ部では、健康保険証の廃止とこの機能のマイナンバーカードへの「一体化」が検討の素材になりました。第Ⅰ部1の題名が示すように、マイナンバーカードの取得「義務化」の「実験場」にされている現場の保健・医療関係者の事務処理においては、種々の混乱が生まれています。また第Ⅱ部では、市町村において、マイナンバーカードを「市民カード」にする事業展開が検討の素材になりました。システム開発や実験のために公金が支出されていますが、「ステークホルダー」の関心は高いものの、地方自治体の区域で生活する住民の多くが無関心では、「市民カード」化事業の地域性は疑わしいものといわざるをえません。

　いずれの現象形態も、国が閣議決定や立法によって、マイナンバーカードを国民・住民に申請（取得）させようとしているので生まれている、というところに共通点があります。しかし、現場の意見を十分に聞かずに外部から強引に推進するという国の姿勢は、逆に、第Ⅰ部の素材ならば保健・医療関係者の「自治」意識を生んでもいます。このため第Ⅰ部の結論は、地方自治体が団体自治の主体であるとともに保険者としても、その「自治」の正当性が一層明確になってきている、

というものでした。

　つまり外部から変えられようとしているので、保健・医療の現場を含む地域において、広い意味での「自治」意識が生まれているのであれば、この意識を生んでいる国家の側で何が起きているのかを冷静に分析することで、国との健全な緊張関係を形成するための、民主主義的な「自治」を展望することも可能になるのではないでしょうか。そこで以下では、社会の側に広い意味での「自治」意識を生むその要因を国家内部に探ってみて、それと「自治」との接点、そして課題を考察します。

1　国家の側で起きていること

(1)　行政組織の現状

　まず、本書が論じてきた番号法制度に関係する行政組織を分析して、それぞれの関係を考察します。

①　アジャイル型組織の消極面が露わになったデジタル庁

　2021年5月19日に公布されたデジタル改革関連法律の一つが、デジタル庁設置法（2021年法律第36号）でした。同法4条2項4号においてデジタル庁の所掌事務には、マイナンバーカードの「利用」に関することが含まれています。

　このデジタル庁が、国の行政機関に関する通則を定めた国家行政組織法（1948年法律第120号）の適用を免れる組織（同法1条）であって、「アジャイル」がその特徴であることを、ここであらためて述べる必要はないでしょう[1]。

　経済産業省のある報告書は、「アジャイル・ガバナンス」の特徴を、

1　一例として、2023年9月1日に行われた「河野デジタル大臣記者会見」の「要旨」（https://www.digital.go.jp/speech/minister-230901-01）でも、「デジタル庁は規模を拡充し、外との連携もしながらアジャイルにサービスを提供していくということをもう少し強力に進めていく必要がある」と述べられていました。

あらかじめ「一定のルールや手順を設定しておくアプローチ」ではなくて、「一定の『ゴール』をステークホルダーで共有し、そのゴールに向けて、柔軟かつ臨機応変なガバナンスを行っていくようなアプローチ」だと述べていました。

以前も述べましたが、「アジャイル・ガバナンス」といわれる行政組織編成のどこに問題点があるかというと、それは、「ステークホルダー」と「ゴール」を「共有」するデジタル庁の長（内閣総理大臣）や複数のプロジェクトチーム（グループやユニット）との健全な緊張関係が、行政組織内部に存在しなくなるところです。比較的現場に近い職員が、「ルール」つまり法令に違反するおそれがある等の事務処理の問題点を発見した場合でも、「ステークホルダー」の「共有」する「ゴール」が優先されるならば法令違反のおそれ等の情報共有が難しくなって、行政組織全体が無責任体質になりかねません。

実際、デジタル庁の内部でも、「ガバナンス」を強化しなければならなくなっています。それでも、後述（1(1)③）するように、デジタル庁が自ら定めた規程ですら遵守されなかったという事態が生まれて、個人情報保護委員会も、この事態を放置できなくなりました。

②　地方公共団体情報システム機構によるマイナンバーカード開発・発行機能の強化

2014 年以降に、マイナンバーカードの発行事務を処理してきたのが、

2　経済産業省「GOVERNANCE INNOVATION Ver.2―アジャイル・ガバナンスのデザインと実装に向けて―」（2021 年 7 月 30 日）49 頁（https://www.meti.go.jp/press/2021/07/20210730005/20210730005.html）。

3　稲葉一将・内田聖子『デジタル改革とマイナンバー制度―情報連携ネットワークにおける人権と自治の未来―』（自治体研究社、2022 年）55 頁で述べました。

4　デジタル庁のホームページの「デジタル庁の組織づくり」の箇所によれば、「デジタル庁全体の戦略や方針の検討と合意形成、情報集約と関係者共有、グループ横断的な課題抽出と方向性の決定を進めることで、デジタル庁全体のガバナンスの強化」が目的で、2023 年 1 月に「経営企画室」を新設したと説明されています（https://www.digital.go.jp/policies/report-202209-202308/organization#risk-management）。

J-LIS（「地方公共団体情報システム機構」）ですが、デジタル庁の新設と同時に J-LIS も、デジタル社会形成整備法（「デジタル社会の形成を図るための関係法律の整備に関する法律」（2021 年法律第 37 号））の公布によって、地方公共団体情報システム機構法（2013 年法律第 29 号）が改正されたことで、変質しました。

　変質というのは、改正された目的規定（同法 1 条）に、「国及び地方公共団体が共同して運営する組織」として、「情報通信技術を用いた本人確認の手段の円滑な提供を確保する」ことが加わった、この性質変化を指す語句として、ここでは用いています。

　同法 4 条 3 項が、「地方公共団体以外の者は、機構に出資することができない」と定めていますので、資金面は地方的性格を維持していますが、運営主体に国が加わったのです。国家的性格が強化された J-LIS の業務には、「地方公共団体の情報システムの開発及び運用」（同法 22 条 4 号）が含まれています。地方公共団体情報システムの標準化に関する法律（2021 年法律第 40 号）が、「地方公共団体が利用する情報システム」の「標準化」を推進する法制度ですから、これと同様に、J-LIS の業務である「情報システムの開発」の方向性も、「標準化」を推進する性質を有するものになると考えるのが自然でしょう。

　たとえば、番号法 18 条 1 号は、市町村が条例で、マイナンバーカードのいわゆる空き領域を利用して「地域住民の利便性の向上に資する」事務を定めることができると定めています。市町村は、J-LIS が提供するカード AP 搭載システム（「マイナンバーカードアプリケーション搭載システム」）を導入することによって、マイナンバーカードの空き領域を利用した事務を提供できるようになります。

5　2021 年の法改正によって、マイナンバーカードの普及という国家政策を実施する法人としての性格が強くなった経緯は以前に述べましたので、ここでは省略します。稲葉・内田前掲注 3 書 36-37 頁。

6　J-LIS のホームページに掲載されたパンフレットでは、群馬県前橋市の「マイタク」が実例

　カード AP 搭載システムのサーバ管理等の情報システムの開発は、J-LIS が行いますので、地方自治体（とくに市町村）も地方自治の観点から、J-LIS の地方的性格と国家的性格の状態に注意すべきでしょう。

③　試される個人情報保護委員会の存在理由

　個人情報保護法（「個人情報の保護に関する法律」（2003 年法律第 57号））131 条によれば、個人情報保護委員会の任務は、同法 1 条の目的規定と同じく、「個人情報の適正かつ効果的な活用が新たな産業の創出並びに活力ある経済社会及び豊かな国民生活の実現に資するものであることその他の個人情報の有用性に配慮」しつつ「個人の権利利益を保護」するため、「個人情報の適正な取扱いの確保を図ること」だと定められています。

　個人情報の「適正」な取扱いの「確保」という場合には、一方において個人情報を「活用」するデジタル庁が内閣に置かれているので、他方において個人情報を保護するためには、内閣に置かれているデジタル庁からの独立性の確保が必要ではないかと考えられます。

　しかし、個人情報保護法 130 条 1 項は、内閣に置かれる内閣府の外局として個人情報保護委員会を置いています。この委員会は、「内閣総理大臣の所轄に属する」（同条 2 項）という位置づけです。

　行政の事務を実際に処理する人事もデジタル化の推進も、いずれも国民生活に欠かせない社会の基礎インフラの整備に関連すると考えるならば、国家公務員法（1947 年法律第 120 号）3 条 1 項が、「内閣の所轄の下」に人事院を置いているのとは異なります。なぜ、人事院の例を紹介したのかというと、内閣に置かれて国家行政組織法が適用されないという意味で特異な行政機関であるデジタル庁が個人情報を「活用」するのですから、ここから距離を置いて個人情報の「適正」な取扱いを「確保」しようとするのならば、個人情報保護委員会も、内閣

───────────────

の一つとして紹介されています（https://www.j-lis.go.jp/file/aptousai_panfuVer4.pdf）。

からの独立性の一層の向上が図られるべきではないか、と筆者は考えるからです。

　それが内閣府の外局という位置づけで、内閣からの独立性が確保されるのか否か、筆者は疑問ですが、それでも個人情報保護委員会が、閣議決定等の手段で個人情報を「活用」する内閣やここに置かれているデジタル庁からの独立性を発揮すべく努めて、個人情報を保護できるのか否かが注目されてきました。実際には2023年9月20日に、個人情報保護委員会は、公金受取口座の誤登録事案に関して、デジタル庁に対して、番号法33条および個人情報保護法157条に基づき、指導等を行った事実を公表しました。これは、マイナンバー（「個人番号」）に紐づけられた公金受取口座情報が、デジタル庁において保有されている特定個人情報（番号法2条8項）であり、かつ、保有個人情報（個人情報保護法60条1項）に該当するという認識を前提にして、デジタル庁が番号法等の法律に違反したのか否かを検討したものです。

　注目してよいと筆者には思われるのが、「デジタル庁に対する特定の個人を識別するための番号の利用等に関する法律及び個人情報の保護に関する法律に基づく行政上の対応について」の「第4法律上の問題点の検討」の箇所において、安全管理措置等（番号法12条、個人情報保護法66条1項・68条1項）に関連して、一般的な文言の同条がより具体的に定められたデジタル庁の保有する個人情報管理規程（2021年デジタル庁訓令第30号）を、デジタル庁が遵守したのか否かを検討したところです[7][8]。

　個人情報保護委員会が、デジタル庁の公金受取口座事務担当職員の責任だけを述べたところは、組織全体の責任を職員個人に負わせてい

7　現在の規程は、デジタル庁のホームページ（https://www.digital.go.jp/personal-information-protection/）にて閲覧できます。

8　個人情報保護委員会のホームページ（https://www.ppc.go.jp/files/pdf/230920_03_houdou.pdf）を参照しました。

ないのかの疑問もあります。しかし、その職員が、「事態が大事に至るまで、個人情報管理者及び統括個人情報管理者に報告しなかった」と個人情報保護委員会が判断したところでは、「デジタル庁は、保有個人情報の漏えい等事案が発生した場合の対応に関する各規程の内容を全職員に正しく理解させた上で、報告対象事案が生じた際には、適時適切に組織体制上の上位者へ報告させ、事実関係を組織内で共有して安全管理上の対応を策定するための体制を整備するなど、組織的安全管理措置に改善が必要である」（11 頁）と述べて、個人情報保護委員会は、デジタル庁に対応を求めたのです。

　個人情報保護委員会がデジタル庁に対して組織的安全管理措置の改善を求めたことには、委員会の存在理由を発揮しようとしたという積極的な意味があります。しかし、個人情報や特定個人情報が安全に管理されていないという事態が発生した後になって、ようやく個人情報保護委員会が対応したのでは遅い、という消極的な評価もありうるでしょう。こうして、内閣やここに置かれたデジタル庁が個人情報の「活用」方針を強化すれば、個人情報保護委員会の存在理由（「行政の」公共性）は何かが、一層鋭く問われるようになります。

　④　デジタル行財政改革会議の新設

　2023 年 10 月 6 日に閣議決定によって、「デジタル行財政改革会議」が設置されました。この会議は、内閣総理大臣が議長になって、「急激な人口減少社会への対応」を所与の条件として「行財政の在り方を見直し、デジタルを最大限に活用」するという特徴があります。既に、デジタル臨時行政調査会等の会議体が多数設置されていましたが、これまでのような「地方」を含む「行政改革」ではなくて「行財政改革」の手段としてデジタル化を推進するというのは、何を意味するのでしょうか。

　まず、国民生活に必要な国地方の行政の事務量を減らすのであれば、

財政支出を抑制できるのかもしれませんが、生活に必要な役務を購入するための国民の自己負担が一層増えることになります。次に、行政の事務量が大きく変わらない場合でも、事務を担当する公務員数（人件費）を減らすことで財政支出を抑制しながら、その不足をデジタル化によって補完し、代替することは、一応、技術的には可能だといえます。ただしこの場合には、従来の公務労働のあり方が大きく変わるので、公務員の負担が増える、このために労働意欲が減退する、そして結果的に離職者の数が一層増えるといった可能性も危惧されます。最後に、地域に生活する住民もデジタル技術に習熟していなければならなくなりますが、苦手な人にとっては負担増でしかありません。国が住民の自己責任へと弱い者に責任転嫁することで増大する住民の不信感や不満感が、その表現の矛先を誤って地方行政に向けるようになるならば、地方行政の形骸化も一層進行しかねません。

　以上で述べたのは論理関係の一つにすぎませんが、実際はどうでしょうか。第1回デジタル行財政改革会議（2023年10月11日）の「資料4 デジタル行財政改革について」の「取組方針②」（7頁）には、「国・地方等のデジタル基盤の統一化・共通化の加速」の語句が入りました。ここでは「新マイナポータル」が例示された「公共アプリの共通化・標準化」によって「自治体の共通的な事務の一括的な整備・活用」を行うと述べられていて、「相談業務のAI・コールセンター等」が示されるところまで、つまり地方自治体の「事務」の「一括的な整備」にまで、国が立ち入る方針が示されました[9]。

　地方自治法のいわゆる事務論との関係で、新たな論点が生まれているように思われるとだけ、ここでは述べるにとどめます。

9　内閣官房のホームページ（https://www.cas.go.jp/jp/seisaku/digital_gyozaikaikaku/kaigi1/kaigi1_siryou4.pdf）を参照しました。

⑵　財政運営の現状

　以上で、デジタル技術を活用した改革が行政のみならず財政にまで及んできている事実を確認しましたが、実は、既に国の財政運営が大きく変容しています。

①　地方交付税の財政需要の算定

　まず、閣議決定「デジタル田園都市国家構想基本方針」（2022 年 6 月 7 日）においては、「総務省自治財政局交付税課」が「2023 年度から、マイナンバーカードの普及状況等も踏まえつつ、マイナンバーカードの交付率を普通交付税における地域のデジタル化に係る財政需要の算定に反映することについて検討する」（136 頁）と述べられていました。

　しかし、「地域のデジタル化に係る財政需要の算定」といっても、地方交付税法（1950 年法律第 211 号）1 条が定める目的は、地方自治体（地方団体）の「自主的」な事務処理を損なわないように「財源の均衡化」を図って「地方行政の計画的な運営を保障」することで「地方自治の本旨の実現」に資することと、「地方団体の独立性を強化」することです。

　マイナンバーカードの「交付率」を財政需要の算定に反映するということは、地方自治体が、マイナンバーカードの申請（取得）を住民の意思に任せてはいられなくなることを意味するのです。地方自治体が「交付率」を上昇させるべく住民に働きかけるように方向づける国の財政運営は、マイナンバーカード申請（取得）の任意性および「地方団体の独立性」を二重に軽視するものです。[10]

②　デジタル田園都市国家構想交付金

　次に、その翌年には、「デジタル田園都市国家構想交付金制度要綱」

10　2022 年 12 月 21 日の記者会見における「マイナンバーカード交付率の普通交付税算定への反映」に関する総務大臣の説明は、「500 億円について、すべての市町村において基準財政需要額を増額する」というのですが、「マイナンバーカードの交付率が高い、上位 3 分の 1 の市町村が達している交付率以上の市町村については、当該市町村のマイナンバーカードの交付率に応じた割増し率によって算定する」と述べました（https://www.soumu.go.jp/menu_news/kaiken/01koho01_02001199.html）。

（2023 年 1 月 25 日）により、内閣府地方創生推進室・デジタル庁が、「デジタル田園都市国家構想交付金（デジタル実装タイプ）の交付対象事業の決定について」（2023 年 3 月 10 日）を公表しました。[11]ここには、マイナンバーカードの申請率 7 割以上が申請要件の「マイナンバーカード利用横展開事例創出型」が含まれました。

　地方交付税に関する国の財政運営が、地方自治体（地方団体）における「財源の均衡化」を図るものから乖離しているのではないか、という疑問は既に述べました。国が地方財政を保障しないままで、マイナンバーカードの申請率上位の地方自治体を国が選んで交付金を支出するのですから、多くの地方自治体は、住民に対してマイナンバーカードの申請率の向上を促すほかには選択肢がないといっても、過言ではないでしょう。

⑶　国の行財政の多元的コントロールと分権の正当性

　以上で述べてきた内容を要するに、国（内閣）は、内閣に置かれたデジタル庁に加えて、閣議決定によって「デジタル行財政改革」を目的にする会議体まで新設する段階に進んでいます。デジタル改革を推進するためには、デジタル手続の利用者の存在が必要になってきます。そこで国は、マイナンバーカードの普及を急いでいます。さらに、この目的を実現するために地方交付税と交付金とを相対化してまで、地方自治体との関係での財政をも手段にしました。

　行政組織と財政運営の現状において、いずれにも共通しているのは、内閣の機能が強化されている反面、国会によるコントロールが弱い、ということです。国民の多様な意思を代表することで、その一般的な意思に沿うはずの国会が弱体化しているのならば、国民主権原理も形骸化することになります。この結果、主権者であるはずの国民が、マ

11　出典は、「地方創生サイト」の「デジタル田園都市国家構想交付金」の箇所を参照しましたが、2023 年 3 月 10 日の決定は以下のリンクから閲覧できます（https://www.chisou.go.jp/sousei/about/mirai/pdf/dejidenkoufukin_saitaku.pdf）。

イナンバーカードを申請（取得）してデジタル手続を行う利用者に転化してしまうのです。しかし、形骸化に対して現憲法を保守して、さらに発展させようとするのであれば、国民主権原理の実質化が課題になります。

　ただし、国民主権原理の実質化と一口にいっても、諸問題を一挙に解決できるように簡単ではなくて、場合を分けて、それぞれの諸問題を的確に把握する努力が求められます。

　というのも第一に、アジャイル型組織が特徴のデジタル庁については、これが、デジタル改革を推進する「リーダーシップ」とシステム開発を行う民間事業者の利益とが強力に結びつく組織になってしまっては、契約締結や公金支出等の行財政運営が著しく偏ってしまいます。不健全な運営にならないようにするために、行政組織外部からの公正（フェア）な参加とともに、行政組織内部においても国民の正当な利益を公正に反映できる組織（全体の奉仕者性を発揮できるような公務員制度）のあり方を構想するのでなければ、主権者である私たちは、健全な行財政運営を期待することができなくなります。

　第二に、デジタル庁とは異なり、もともと地方的性格を有していたJ-LISですが、2021年の法改正によってその国家的性格が強化されました。主権者である国民の側にも、いかにしてこの法人を民主的にコントロールできるのかという問題が生まれています。この場合、情報公開制度は民主的コントロールの一手段です。ところが、既に指摘されているように、J-LISは、独立行政法人等の保有する情報の公開に関する法律（2001年法律第140号）の別表第一に掲げられている国立大学法人などの法人とは異なって、国民からの情報公開請求に応答する義務を負う法人ではないのです。その代わりに、地方公共団体情報シ

12　板倉陽一郎「デジタル改革関連法による地方公共団体情報システム機構のガバナンス改革についての考察（2・完）」『自治研究』99巻2号112頁以下は、「情報法制上のガバナンス」の観点から、J-LISが情報公開の対象法人になっていないことを、「サボタージュ」と述べて、立法

ステム機構の保有する情報の公開に関する規程（2014年地情機規程第13号）が、自主的にJ-LISの保有する情報の公開に関する事項を定めていますが、国民の情報公開請求権を制度的に保障するという立法課題があります。

　以上のように、マイナンバーカードの普及等の手段によって個人情報を「活用」する体制が強化されてきているのに対して、第三に、個人情報保護委員会が個人情報を保護できるようになるためには、何が課題でしょうか。被害（損害）が発生した後での損失補償や損害賠償に関する個別的紛争の裁断ならば、裁判所でもできますから、個人情報保護委員会は、被害（損害）の予防のために設置されているのでなければ、その存在理由（「行政の」公共性）が疑問視されるようになります。予防というからには、違法行為が明らかになった後ではなくて、違法性が弱い、つまり違法ではないが不当性があると考えられる段階で、その活動を開始するのでなければ、何のために公金が支出され、個人情報保護委員会の委員や事務局の職員が採用されているのかの疑問を生んでしまうでしょう。ということは、個人情報保護委員会に対する情報収集等の調査権限の付与とこの権限が実際に行使されるための組織的条件の整備が、立法課題だと考えられます。

　第四に、デジタル行財政改革会議の新設を、以上で述べてきたような既存の問題点が一掃されるものと楽観的に考えるのならば別ですが、閣議決定によって内閣総理大臣が議長になる会議体の乱立は、この20年間に何度も見られたことで、新規性がないものです。今回の会議体の新設についても、内閣総理大臣が議長になるトップダウン型の組織でもって、デジタル改革を推進するという方向性を有するのならば、これに対する民主的コントロールは、ボトムアップの「自治」という方向性を有するものになるでしょう。

課題が存在することを指摘しました。

　最後に、国の財政運営は地方交付税の性格を歪めてしまい、地方交付税と交付金とが相対化しているとの印象を与えるものにまで、財政が変質しているのではないかという疑問があります。ただし、地方自治体との関係での国の財政運営が変質していると捉えて、その特徴を「権力性」と「裁量性」の強化という語句を用いながら論じていた学説が、30 年前に存在していたことも、指摘しておきたいと思います。[13]なぜなら、現在のデジタル改革を方向づけているのは、1990（さらにさかのぼれば 1980）年代に開始されていた行財政改革ではないか、という疑問が生まれてくるからです。[14]

　以上でごく簡単に述べただけでも、問題点は複数存在していますし、それぞれの関係を把握すること自体が、既に一つの問題です。しかしこれらに共通しているのは、国の行財政に対して、国民あるいは主権者による民主的コントロールが十分に機能していないという事実です。このことの要因自体、論じられるべき問題点は少なくないのですが、国の行財政の多元的コントロールの一つという意味での自治と分権の正当性を実証できる客観的条件が揃ってきているという意味では、地方自治にとっての好機でもあります。分権の一つの知恵として、国と地方自治との矛盾をはっきりさせて、地方自治の課題を明確にすることが、学問的にも実践的にも、一層強く意識されてよいことです。

13　福家俊朗『現代財政の公共性と法—財政と行政の相互規定性の法的位相—』（信山社、2001年）4 頁（この論文の初出は 1990 年）は、国民の財産の自由への侵害という意味での租税の権力性と区別される財政の「権力性」を論じた後で、国が「地方財政の状況を放置したまま」での補助金等は、負担増を強いられる「地方自治行政の統制手段」としての「権力的機能と裁量的要素を強化」するものになると指摘していました（同 24 頁）。

14　私は、「地方行政デジタル化の特徴と課題」『自治と分権』84 号 23 頁において、「国の省庁再編や地方分権改革から約 20 年後のデジタル化」において、「この間の諸改革が反省されるのか、それとも反省なく突き進むことで諸問題が再生産されるのか」が問われると述べたことがありました。

2　地方自治との矛盾と課題

⑴　矛盾があらわれる「市民カード」化事業

　国と地方自治との矛盾という場合において、何に注目すればよいのかを問うのであれば、これこそが、本書の第Ⅱ部で実例が詳しく検討されたマイナンバーカードの「市民カード」化事業です。[15]

　国は、「市民カード」の語句を、たとえば閣議決定「デジタル社会の実現に向けた重点計画」（2022 年 6 月 7 日）において、「マイナンバーカードをかざすだけで様々な市町村サービスが受けられる」（34 頁）ものといった意味内容で用いています。この用法に示されているように、マイナンバーカードの「市民カード」化には、①市町村単位で、②本人であることや各種の資格を証明するために異なる内容の個人情報が記載された複数の書類を、③マイナンバーカードに「一体化」するという内容が含まれていると理解できます。このような「市民カード」には、住民の個人情報が集積するようになります。

　しかも、翌年の閣議決定「デジタル社会の実現に向けた重点計画」（2023 年 6 月 9 日）は、その冒頭（2 頁）で、「マイナンバーカードを使って国民の生活を向上させるため、マイナンバーカードと各種カードとの一体化」と「市民カード化」という語句を同列で用いました。ということは、「市民カード」も「一体化」の一例であって、これは複数の地方自治体で共通するカードとして機能するものでしょう。カードの「一体化」が、複数の地方自治体の情報システムや事務そしてやがては組織の「一体化」へと展開する可能性を有する技術だとすれば、マイナンバーカードの「市民カード」化は、地方自治（団体自治）との矛盾を含みながら展開する事業だといわなければなりません。

　以上のような疑問にもかかわらず、2023 年 6 月 9 日に決定された

15　事例紹介的な内容ですが、私も「マイナンバーカードの『市民カード』化―その問題点―」
　　（https://www.jilg.jp/research-note/2023/06/01/1599）で、若干の例を検討したことがあります。

「重点計画」は、「マイナンバーカードの『市民カード化』の推進」（53頁）の内容を、「自治体によるマイナンバーカードの利活用ケースの開発」や「優良ケースの徹底的な横展開」を進めるため、「デジタル田園都市国家構想交付金により、優れた利活用ケースの創出を後押しする」ものであると述べました。

　このように現状は、まず個々の地方自治体が「利活用ケース」の「開発」や「創出」に着手することを、国から期待されている段階です。地方自治体（市町村）が国の政策そのままで「優良ケース」を「横展開」するのか、それとも距離を置いて地方自治の観点からこれに対して冷静な検討を行うのかの違いが、今後の展開にとって重要になってきます。

⑵　「市民カード」化事業の問題点

　国が推進するマイナンバーカードの「市民カード」化事業に対して、地方自治体は地方自治の観点から、この利点や欠点を冷静に、そして各地域の実情に即して具体的に検討すべきです。その場合においてただちに問われてくる問題点を、法学の観点から以下で述べることにします。

①　広義の個人情報保護

　健康保険証や母子健康手帳等の本人の資格や出生経過等の異なる個人情報が記載された複数の書類を、マイナンバーカードに「一体化」するのが「市民カード」化事業であるならば、この場合の「市民カード」は、分散して管理されていた住民の個人情報を連携する手段になります。地方自治体が、その行動履歴等の個人情報を匿名処理するなどして民間事業者に提供すれば、個人識別性が弱いとしても、個人情報が民間事業者において一元的に集約されることになります。

　その過程で、「市民カード」化事業は、地方自治体の情報システムを共通化し、標準化するのと同様の性格を有すると考えられます。もっ

とも、このように述べても分かりにくいでしょうから、以下では「医療DX」に即して例示してみましょう。

2022年10月11日に閣議決定で、内閣総理大臣が本部長の「医療DX推進本部」が設けられました。この本部が2023年6月2日に決定した「医療DXの推進に関する工程表」の「Ⅱ基本的な考え方」は、「医療DX」を、「保健・医療・介護の各段階（疾病の発症予防、受診、診察・治療・薬剤処方、診断書等の作成、申請手続き、診療報酬の請求、医療介護の連携によるケア、地域医療連携、研究開発など）」において「発生する情報に関し、その全体が最適化された基盤を構築し、活用する」ことを通じて、「保健・医療・介護の関係者の業務やシステム、データ保存の外部化・共通化・標準化」を図り、「国民自身の予防を促進し、より良質な医療やケアを受けられるように、社会や生活の形を変えていく」ことと定義しました。[16]

この先、「2030年度を目途」に、「マイナンバーカードやその機能のスマートフォン搭載」によって、「保健・医療・介護の情報が医療機関、自治体、介護事業所、研究者等にシームレスに連携していくシステム構造」が構築されるというのですが、注目していただきたい箇所は、「①国民の更なる健康増進」において「誕生から現在までの生涯にわたる保健・医療・介護の情報」を「PHR（Personal Health Record）として自分自身で一元的に把握」する、と述べられたところです。なぜ注目に値するのかといえば、「生涯」という時間的長さで、保健や医療のように分散管理されている個人情報が収集されるからです。

収集された個人情報は、「⑤医療情報の二次利用の環境整備」の箇所では、「民間事業者との連携」も図りつつ、「保健医療データの二次利用」をされるようになります。そして「創薬、治験等の医薬産業やヘ

16　出典は、内閣官房の医療DX推進本部のホームページ（https://www.cas.go.jp/jp/seisaku/iryou_dx_suishin/pdf/suisin_kouteihyou.pdf）です。

ルスケア産業の振興に資する」ことで、「結果として、国民の健康寿命の延伸に貢献」するというのです。この文章を法学の観点から眺める場合には、目的と手段の対応関係が逆ではないかと感じられるのですが、それはともかくとして、二次利用が前提の「保健医療データ」は、もともと母子保健等の住民の個人情報です。

　個人情報の主体である個々の住民が、個人情報の活用のされ方を正確に理解して、その活用に同意するのか否かの本人の意思表示を尊重することが、個人情報保護の観点からは要請されます。ただし、個人情報の活用のされ方といっても不明な場合が少なくありませんから、個々の住民が理解するのは容易なことではありません。そこで地方自治体としても、個人情報の「活用」の観点だけではなくて、住民の個人情報を保護する目的のためにこそ、努力すべきでしょう。

　個人識別性を弱くするために匿名に加工処理された場合であっても、基本的には同様です。個人識別情報の利用や提供のルールを定めている個人情報保護法に加えて、「加工結果のチェック」などの「個人に関する情報」の保護や尊重は、条例で定めるべきだという主張もあります。[17]このような主張の実現可能性は、実際、検討に値するように筆者も思います。

②　平等原則の実現

　個人情報の保有主体であるとともに、住民に共通するのは、地方自治法（1947年法律第67号）10条2項が定めるように、区域内に住所を有する者であれば、地方自治体から「役務の提供」を「ひとしく受ける権利」を有することです。マイナンバーカードの申請（取得）は任意ですから、このカードを「市民カード」にするといっても、これを取得していない住民であっても、地方自治体が「役務の提供」を「ひ

17　庄村勇人・中村重美『デジタル改革と個人情報保護のゆくえ―「2000個の条例リセット論」を問う―』（自治体研究社、2022年）57頁。

としく受ける権利」を制限することは許されないのです。

　岡山県備前市の例が広く知られています。事実関係の要点は、子ども
もの昼食費等の住民の費用負担額の減免という事業目的とマイナンバ
ーカードの取得という手段との対応関係が逆転したところにあります。[18]
有機農業の見学のように給食も教育の一手段に含まれると解するなら
ば、教育基本法（2006年法律第120号）4条1項が定めるように、「す
べて国民は、ひとしく、その能力に応じた教育を受ける機会を与えら
れなければならず」、「経済的地位」によって「教育上差別されない」
はずです。しかし経済的負担能力を十分に有する（有しない）住民が、
ただマイナンバーカードを取得した（取得していない）というだけの理
由で、子どもの昼食費の負担額が平等ではないということになるので
は、住民間の「差別」が拡大します。

　群馬県前橋市でも、マイナンバーカードと交通系ICカードを紐づ
けることで、市民限定の割引が行われています。[19]同市の「マイタク」
（前橋市個人番号カード利用条例（2017年条例第32号）2条）の場合なら
ば、住民がその経済的負担能力に関係なくタクシーという役務を購入
するにすぎないと考えるのでしたら、議論すべき問題は発見されてこ
ないのでしょう。しかしたとえば、かねて有力に主張されてきた「交
通権」論を参照する場合には、地域によって地理的条件が異なること
やバリアフリー化に加えて高齢化が契機になって、交通手段を利用す
ることの権利性が、ますます強くなってきているのではないでしょう
か。[20]そうならば、交通に関する権利主張とマイナンバーカードの有無

18　事実関係は、中西裕康氏と松下香氏による「マイナンバーカード有無で保育・教育に差別施策」『議会と自治体』2023年5月号35頁以下を参照しました。

19　同市のホームページ（https://www.city.maebashi.gunma.jp/soshiki/seisaku/kotsuseisaku/gyomu/5/2/26545.html）を参照しました。なお、前橋市で先行した「MaeMaaS」が「GunMaaS（群馬版MaaS）」へと、広域化している事実にも注目すべきです（https://www.pref.gunma.jp/site/houdou/101683.html）。なぜなら、デジタル技術の活用によって地理的制約を克服できますが、この技術的特性は行政の広域化（集権化）と親和性を有するからです。

20　一例として、岡崎勝彦「交通権概念の成立と今後の展開—交通権学会の30年に即して—」

とは無関係ですが、なぜマイナンバーカードを提示しなければ、料金
の割引（自己責任の軽減）が行われないのかの、説得的な理由の有無が
問われるようになるでしょう。

(3)　問われる地方自治体の存在理由

　番号法等の改正法案が成立した 2023 年 6 月 2 日ころを思い出してく
ださい。マイナンバーカードの保有者数は、減少傾向を示していまし
た。[21] 番号法施行令（「行政手続における特定の個人を識別するための番号
の利用等に関する法律施行令」（2014 年政令第 155 号））15 条 4 項が定め
る返納の正確な数や理由は公表されていませんが、限定的なサンプル
調査ではあったものの、自主的な返納は 4 割程度との認識が示されま
した。[22]

　返納を選択した国民は、地域で生活する住民でもあります。地方自
治体としても、その住民の意思を地方行政に反映させることを課題に
設定して、積極的な対応を検討すべきでしょう。したがって、地方議
会が地方自治法 99 条に基づき、マイナンバーカードへの「一体化」の
現象形態の一つである健康保険証の廃止に反対する内容の意見書を可
決した事実は、重要です。[23] なぜなら、市議会や町議会が意見書を可決
した件数が比較的多いという事実には、住民に比較的近い基礎的な地
方自治体である市町村において、そして住民の様々な意思を反映する
ために合議体の議事機関として設けられている地方議会が、住民の一

『交通権』33 号 12 頁以下、17 頁を参照しました。

21　総務省のホームページでは「マイナンバーカード交付状況について」が公表されています
（https://www.soumu.go.jp/kojinbango_card/kofujokyo.html）。宮崎県都城市等のいわゆる上位
の地方自治体に即して、その「人口に対する交付枚数率」（2023 年 4 月末時点）が、5 月末以降
の「人口に対する保有枚数率」ではどのように推移したのかの数値を参照しました。

22　2023 年 7 月 21 日の記者会見における「マイナンバーカードの自主返納」に関する総務大
臣の説明を参照しました（https://www.soumu.go.jp/menu_news/kaiken/01koho01_02001257.
html）。

23　全国保険医団体連合会のホームページに、健康保険証の存続を内容とする議決を行った地方
議会の一覧が掲載されています（https://hodanren.doc-net.or.jp/info/news/2023-10-18/）。

般的な意思を発見して議決を行ったという積極的な意味が含まれているからです。

　地方自治体が、国民の個人情報をデータと捉えつつ、この「活用」を目指す国と同じ方向性を有するのであれば、法人格（地方自治法2条1項）は不要です。地方行政機関とは異なり法人格を有する地方自治体が存在する理由は、国から独立しているところ、つまり国の政治行政と異なってよいところに発見されます。そうすると、なぜ国の政治行政とは異なる地方自治体が正当性を有するのかが問われてきます。それは、個人情報の保護や平等原則の実現といった規範的要請の発見と具体化が多層で何重にも行われるべきだからであって、この意味での分権あるいは民主主義の知恵を、これまで私たちは学んで、そして大切にしてきたからです。

　地方自治体が、住民の個人情報の保護や平等原則の実現を目指すのか、それともマイナンバーカードを取得していないという理由だけでその住民を他の住民から区別するのかの違いは、大きいといわなければなりません。[24]マイナンバーカードの「市民カード」化事業への対応をどうするのかの選択によっては、なぜ国だけではなくて地方自治体も立法権等の統治権力を認められているのかの理由が問われてくるといっても、大げさではないでしょう。分かりやすい広報によって住民と情報を共有して、地方自治体が住民の権利を保護・実現することで地域を豊かにするためにこそ、統治権力が認められているはずです。

24　本多滝夫「デジタル社会と自治体」岡田知弘・中山徹・本多滝夫・平岡和久『デジタル化と地方自治―自治体DXと「新しい資本主義」の虚妄―』（自治体研究社、2023年）117頁は、マイナンバーカードの「市民カード」化によって、地方自治体は、このカードを「所持しない者」を「自治体におけるデータの信頼性の確保に協力しない者」、「『住民』としての存在が疑わしい者」と見るようになると述べて、「差別と分断」が生まれる可能性を危惧しています。

おわりに

　デジタル庁は、番号法制度が「国民の利便性向上」のためのインフラだと説明してきました。国民にとっての利便性の向上が目的だからこそ、たとえばマイナンバーカードを申請（取得）するのか否かも、国民がその意思で決めればよいという法制度になっているのだと、筆者は理解しています。

　しかし、法的な意味での義務や義務違反者の処罰とは異なる事実上の「義務化」とはいっても、マイナンバーカードを取得しなければ生活が不便になるかのように感じられる現状を、どのように理解すればよいのでしょうか。現状から一歩進んで、取得や取得するための行政機関への出頭、そして所持が法的に義務づけられた場合のカードの目的は、利便性の向上といった国民中心のものではなくなって、全体的な秩序や抽象的な公益が前面にあらわれてくることだけは確かです。

　カードの取得や出頭義務などと述べると唐突に感じられるでしょうが、現在の日本社会では個人の人権保障と平和主義が憲法において保守されているから、唐突に感じられるのです。しかし、戦時への準備態勢を平時においても整えることが意識されるようになれば、ただちに必要になってくるのは、医療や教育等の労働を行う「人材」です。その住所や適性等の個人情報がデジタル技術の活用によって管理されれば、動員も一層容易になります。

　以上のように考えると、個人情報が一枚に「一体化」した場合のマイナンバーカードの取得や所持は、民間事業者が個人情報を「情報資源」の一種として二次利用するためだけではなくて、国家が国民を管

25　同庁のホームページ（https://www.digital.go.jp/policies/mynumber/explanation/）を参照しました。
26　稲葉一将・松山洋・神田敏史・寺尾正之『医療DXが社会保障を変える—マイナンバー制度を基盤とする情報連携と人権—』（自治体研究社、2023年）10頁では、制度目的が「国民の利便性向上というソフトなもの」から、「国民の行動履歴の管理」による「行動予測と予防の強化というハードなもの」へと変質すると述べました。

理する手段としても便利なものだと意識されるようになってくるのではないかと、筆者はその可能性を危惧しつつ予測します。読者の皆さんが暮らしておられる地域におけるマイナンバーカードの「市民カード」化事業についても、「暗い時代」の再来を意識しながらの考察と実践が必要になってくるように思われるのです。しかし「暗い時代」だからこそ、誰でも光ることができるともいえます。それぞれの地域で、トップダウンのデジタル改革の問題点を冷静に考察して、冷笑的にならずにボトムアップの「自治」の明るい未来を構想して、実践する好機です。

〈著者〉

稲葉一将（いなば　かずまさ）　　（執筆：はしがき、第Ⅱ部7）
　　名古屋大学大学院法学研究科教授

岡田章宏（おかだ　あきひろ）　　（執筆：第Ⅱ部4）
　　神戸大学名誉教授、兵庫県自治体問題研究所理事長

門脇美恵（かどわき　みえ）　　（執筆：第Ⅰ部3）
　　広島修道大学法学部教授

神田敏史（かんだ　としふみ）　　（執筆：第Ⅰ部2）
　　神奈川自治労連執行委員

長谷川薫（はせがわ　かおる）　　（執筆：第Ⅱ部6）
　　前橋市議会議員

松山　洋（まつやま　ひろし）　　（執筆：第Ⅰ部1）
　　全国保険医団体連合会事務局主幹（医科政策担当）

森脇ひさき（もりわき　ひさき）　　（執筆：第Ⅱ部5）
　　岡山県議会議員

マイナンバーカードの「利活用」と自治
　　―主権者置き去りの「マイナ保険証」「市民カード」化―

2023年12月20日　初版第1刷発行

　　　　　　　　　著　者　稲葉一将・岡田章宏・門脇美恵・神田敏史
　　　　　　　　　　　　　長谷川薫・松山　洋・森脇ひさき

　　　　　　　　　発行者　長平　弘

　　　　　　　　　発行所　㈱自治体研究社
　　　　　　　　　　　　　〒162-8512 東京都新宿区矢来町123 矢来ビル4F
　　　　　　　　　　　　　TEL：03・3235・5941／FAX：03・3235・5933
　　　　　　　　　　　　　http://www.jichiken.jp/　E-Mail：info@jichiken.jp

ISBN978-4-88037-758-2 C0031　　　　　　　DTP：赤塚　修
　　　　　　　　　　　　　　　　　　　デザイン：アルファ・デザイン
　　　　　　　　　　　　　　　　　　印刷・製本：モリモト印刷㈱